Berufswahl & Ausbildung

Julia Kuhn

www.biknetz.de

Impressum

Bibliografische Information der Deutschen Nationalbibliothek:
Die Deutsche Nationalbibliothek verzeichnet diese Publikation
in der Deutschen Nationalbibliografie; detaillierte
bibliografische Daten sind im Internet über http://dnb.dnb.de
abrufbar.

© 2020 Julia Kuhn (https://www.biknetz.de/)

Herstellung und Verlag: BoD – Books on Demand,
Norderstedt

ISBN: 978-3-7526-9054-5

Inhalt

Eine Berufsausbildung hat vor allem den Vorteil, dass man unmittelbar mit der Ausübung des Wunschberufes beginnt. Wer sich nach der Schule fragt, wie und wo er das Erlernte anwenden kann, ist mit einer Ausbildung gut beraten. Auch wer gern körperlich arbeiten möchte kann diesem Wunsch mit einem Ausbildungsplatz nachgehen. Das Ausbildungsgehalt ist ein weiterer Anreiz. Im Gegensatz zum Studium bekommt man ein Gehalt, während man im Studium häufig sogar ein Darlehen in Form von BAföG oder Studienkrediten aufnehmen oder sich seinen Lebensunterhalt über Nebenjobs finanzieren muss.

Praktische Erfahrungen im späteren Job

Ausbildungen finden dort statt, wo man sich auch nach der Berufsausbildung wiederfinden wird: In einem Betrieb. Während der Ausbildung gewinnt man einen Überblick über die Betriebsabläufe, die Verteilung von Aufgaben und die Organisation einer Firma, durch den direkten Kontakt zu Kollegen bekommt man Erfahrungen über den eigenen Ausbildungsberuf aus erster Hand. Auch eine eventuelle falsche Wahl der Berufsausbildung wird meist schnell aufgedeckt. Im täglichen Ablauf merkt man viel schneller, ob man dem Beruf zum Beispiel körperlich gewachsen ist oder ob davon auszugehen ist, dass der gewählte Berufszweig auf Dauer interessant bleibt. Während nach einem Studium der Eintritt in die Berufswelt meist mit einer mehr oder weniger langen Einarbeitungszeit verbunden ist, kann man nach Ausbildungen direkt die gewohnte Arbeit weiter führen oder bei einem Firmenwechsel nach deutlich kürzerer Zeit produktiv in den Betrieb eingebunden werden.

Unabhängigkeit

Mit Beginn der Berufsausbildung ist deutlich höhere Selbstständigkeit als zu Schulzeiten erforderlich, dafür steigt die Unabhängigkeit. In der Schule war man es gewohnt, den zu lernenden Stoff präsentiert zu bekommen, im Betrieb ist aktives Nachfragen der beste Weg, die gewünschten

Informationen zu bekommen. Das hat den Vorteil, dass man besonders interessante Themen vertiefen und schwierige Teile gezielter lernen kann. Durch die Erfahrungen der Ausbilder und Kollegen und die, je nach Betriebsgröße, geringe Anzahl an Auszubildenden wird es möglich, sehr individuell zu lernen. Mit dem ersten Gehalt besteht die Möglichkeit, sich eine eigene Wohnung zu nehmen oder ein eigenes Auto zu kaufen. Die steigende Unabhängigkeit von Eltern und Familie ist ein wichtiger Schritt auf dem Weg ins Erwachsenenleben.

Gute Übernahmeperspektiven

Die Betreuung eines Auszubildenden bedeutet für den ausbildenden Betrieb Arbeit und Kosten. Daher haben sie meist eine große Motivation, ihre Investition in Form von guten und zuverlässigen Mitarbeitern zurück zu bekommen. In der Zeit der Berufsausbildung kann der Betrieb den Auszubildenden kennen lernen und ihm genau die Arbeiten beibringen, die für eine spätere Anstellung erforderlich sind. Durch die Einstellung von selbst ausgebildeten Fachkräften spart sich der Betrieb die Einarbeitung von firmenfremden Kräften und verringert deutlich die Gefahr, dass sich der neue Mitarbeiter als inkompatibel herausstellt. Die meisten Firmen haben großes Interesse daran, ihre Fachkräfte langfristig zu binden und bieten ihnen dafür gute Konditionen. Durch die Möglichkeit einer späteren Übernahme und der Gewinnung einer guten Fachkraft steigt für die Firmen auch die Motivation, Zeit und Arbeit in Ausbildungen zu investieren. Insgesamt sind die Chancen auf eine spätere Übernahme in den Ausbildungsbetrieb gut, besonders bei guten Leistungen während der Ausbildung.

Kürzer als ein Studium

Wer schnell ins Berufsleben einsteigen will, für den ist eine Ausbildung das Richtige. Wenn für die Berufsausbildung kein Abitur erforderlich ist, kann man zwei bis drei Jahre früher anfangen als mit dem Studium. Ein Studium dauert mindestens drei Jahre, wenn man nur seinen Bachelor macht. In vielen Berufszweigen ist es aber ratsam, auch noch ein Masterstudium zu absolvieren, so dass das Studium schnell fünf Jahre und länger dauert. Eine Berufsausbildung dauert in der Regel drei Jahre, unter bestimmten Voraussetzungen können einige Ausbildungen sogar auf zwei Jahre verkürzt werden. Entsprechend eher kann man auch Geld verdienen. Die Chancen auf einen Job sind nach einer Berufsausbildung erst mal besser, da bereits Praxiserfahrung vorliegt. Eine Ausbildung kann auch eine gute Grundlage für ein Studium sein. Mit den praktischen Erfahrungen fällt das Studium leichter, fachverwandte Ausbildungen können unter Umständen als Praktika angerechnet werden.

Die passende Ausbildung finden

Um passende Ausbildungen zu finden, stehen Interessierten eine Reihe von Möglichkeiten zur Verfügung. Die Schule bietet Orientierungskurse und Beratungen, Arbeitsamt und Ausbildungsbörsen sind weitere gute Anlaufstellen. Wer vielleicht versteckte Interessen auffinden möchte oder sich einfach noch nicht sicher ist, kann mit Ausbildungstests neue Erkenntnisse gewinnen. Liste mit allen Ausbildungsberufen Timing ist wichtig bei der Bewerbung. Um zwischen Schulabschluss und Ausbildungsbeginn keine Lücke entstehen zu lassen sollte man bereits ein Jahr vor Abschluss mit der Suche beginnen. Die meisten Betriebe stellen Auszubildende zum Spätsommer/Herbst ein und sind damit an den Abschluss der Schule und den Beginn der Berufsschule angepasst. Erkundigen Sie sich möglichst frühzeitig darüber, welcher Schulabschluss für interessante Bereiche erforderlich ist. Einige Ausbildungen erfordern höhere Abschlüsse oder einen besonders guten Notendurchschnitt, in anderen Ausbildungsberufen werden höhere Abschlüsse deutlich bevorzugt. Möglicherweise können Sie so frühzeitig noch überlegen, die Schule zu wechseln oder sich auf einen anderen Berufszweit konzentrieren.

Eigene Fähigkeiten und Interessen feststellen

Die Auswahl an Berufsausbildungen erscheint am Anfang oft überwältigend. Bevor man also mit der Suche beginnt, sollte man sich Gedanken über seine Interessen machen. Wer lieber mit den Händen arbeitet, wird mit einer Berufsausbildung als Bürokaufmann oder -frau auf Dauer eher nicht glücklich werden. Und wer mit extremen Witterungsverhältnissen nicht klar kommt, trifft mit dem Berufswunsch Gärtner oder Dachdecker ebenfalls die voraussichtlich falsche Wahl. Auch sollte man sich Gedanken machen, ob man vielleicht einen sozialen Ausbildungsberuf mit viel Menschen- oder Kundenkontakt ergreifen möchte, oder eher ein Einzelkämpfer ist. So lassen sich die Berufsfelder schon im Vorfeld gut eingrenzen und die Auswahl wird bedeutend übersichtlicher. Die eigenen Fähigkeiten sollten realistisch eingegrenzt werden. Natürlich lernt man das Handwerkszeug während der Berufsausbildung, aber wer beispielsweise fasziniert ist von Bauwerken, aber keinerlei räumliches Vorstellungsvermögen und Computerkenntnisse besitzt, wird in der Berufsausbildung als technischer Zeichner voraussichtlich Probleme bekommen. Lassen Sie sich davon aber auch nicht zu sehr abschrecken, Motivation und Einsatzfreude können mangelnde Vorkenntnisse gut wettmachen.

Erste Recherche über interessante Berufe

Wenn die ersten Vorüberlegungen abgeschlossen sind, beginnt die Recherche über mögliche Ausbildungsberufe. Als gute Anlaufstellen bieten sich hier Jobcenter des Arbeitsamtes, Informationen von Gewerkschaften und Berufsverbänden oder Angebote von Schulen an. Das Internet bietet eine Fülle von Informationen und Erfahrungsberichten von Auszubildenden bzw. Berufstätigen. Viele Schulen bieten Informationsveranstaltungen in Form von Ausflügen in Betriebe, Berufspraktika und Orientierungstagen an. Auf Ausbildungsmessen stellen sich Firmen vor und es werden Seminare zur Berufsfindung angeboten. Nutzen Sie diese Gelegenheiten und scheuen Sie sich auch nicht, interessante Firmen anzusprechen und sich beraten zu lassen. Manchmal finden sich so noch Gründe, einen interessanten Beruf auszuschließen oder einen vormals uninteressant wirkenden Beruf wieder in die engere Wahl zu nehmen. Ein Beispiel: Wer sich auf Grund von medizinischem Interesse und einer ausgeprägten sozialen Ader für den Ausbildungsberuf des Krankenpflegers interessiert, sollte sich auch über die negativen Seiten dieses Berufes klar werden: Das Berufsbild umfasst neben der medizinischen Versorgung auch das Leeren von Bettpfannen und das Säubern von Operationsinstrumenten. Dazu kommt die psychische Belastung durch den engen Kontakt zu schwer kranken und sterbenden Patienten und ihren teils verzweifelten Verwandten. Schichtdienst, insbesondere Nachtschichten, ist für einige Menschen auf Dauer schwer. Dafür ist dieser Beruf für viele sehr befriedigend und Sie können vielen Kranken und Angehörigen helfen.

Beratungsgespräche und Ausbildungstests wahrnehmen
Natürlich ist man bei der Suche nicht auf sich allein gestellt. An Schulen oder im Arbeitsamt finden sich ausgebildete Berufsberater, die auf eine große Informationsfülle und Erfahrungen zurückgreifen können und im Gespräch Interessen herausfinden und eventuelle Fehlinformationen korrigieren können. Ausbildungstests können ebenfalls Aufschluss über passende Ausbildungsberufe und eventuelle verborgene Fähigkeiten und Interessen geben. In diesen Tests werden neben vorhandenen Fähigkeiten auch Informationen abgefragt, die auf den ersten Blick wenig mit der Berufswahl gemein haben, aber im Endeffekt zu neuen Ideen führen können. Auch lassen sich so Berufsfelder entdecken, die bisher noch unbekannt waren.

Auswahl der Ausbildungsstelle
Hat man sich für eine Berufsausbildung entschieden, geht es an die Wahl des richtigen Betriebes. Wer bereits ein

Praktikum in einem Betrieb gemacht hat und zufrieden war, hat es mit dem Schreiben der ersten Bewerbung meist einfach. Versteifen Sie sich aber nicht auf einen bestimmten Betrieb und schicken Sie Ihre Bewerbungen auch an andere Firmen. Es sollte geprüft werden, ob die fachliche Ausbildung zu den eigenen Interessen und Stärken passt. Wenn man bereits bestimmte Vorstellungen hat, wie man sich seinen Arbeitsplatz und die weitere berufliche Karriere wünscht, kann man dies in die Suche nach der passenden Ausbildungsstelle einfließen lassen. Erfahrungen von Freunden, Verwandten oder ehemaligen Auszubildenden können sehr hilfreich sein, sollten das eigene Bild aber nicht zu sehr beeinflussen. Vielleicht besteht ja auch die Möglichkeit, im Betrieb ein Praktikum zu machen oder einfach für einen oder mehrere Tage auf Probe zu arbeiten. So bekommt man einen ersten Eindruck von den Arbeitsabläufen im Betrieb und lernt schon mal die Kollegen kennen. Das Angebot eines Praktikums oder von Probearbeit wird auch von den Betrieben in der Regel positiv bewertet, da es echtes Interesse und Einsatzfreude zeigt.

Ausbildungsbörsen

Ausbildungsbörsen sind ein guter Anlaufpunkt, um Informationen zu interessanten Berufen zu erhalten und einen Überblick über Firmen vor Ort zu bekommen. Auf den Börsen sind informierende Stellen wie das Arbeitsamt oder Gewerkschaften ebenso vertreten wie Betriebe. Die Ausbilder präsentieren hier ihren Betrieb und ihre freien Lehrstellen. Erstgespräche und die Abgabe von Bewerbungen bei den Firmen sind direkt vor Ort möglich, es empfiehlt sich also, seine Bewerbungsunterlagen direkt in mehrfacher Ausfertigung mitzubringen. Wer noch nicht so weit ist und sich erstmal nur informieren will, hat hier auch die Möglichkeit, seine Mappe kontrollieren zu lassen oder Vorträge zu besuchen. Damit bringen Ausbildungsbörsen alle für die Berufsausbildung wichtigen Punkte an einem Ort zusammen, im besten Falle kann man hier gleich seine Ausbildungsstelle finden.

Stellenausschreibungen

Die am häufigsten genutzte Art der Bewerbung ist die Antwort auf Stellenausschreibungen. Stellenanzeigen finden sich in Lokalzeitungen und Fachzeitschriften, beim Arbeitsamt oder über Gewerkschaften und Kammern. Viele Zeitungen und auch das Arbeitsamt präsentieren ihr Angebot im Internet, es lohnt sich aber dennoch, auch den direkten Kontakt zum Arbeitsamt zu suchen, auch sind bei Zeitungen meist nicht alle Anzeigen online. Das Internet bietet auch spezielle Portale für Ausbildungssuchende, in denen viele Angebote nach Regionen zusammengestellt wurden. Den Stellenausschreibungen kann man neben der Berufsbezeichnung, dem ausbildenden Betrieb und dem Ausbildungsbeginn häufig auch die Anforderungen, wie Schulabschluss oder gewünschte Fähigkeiten, entnehmen. In der Bewerbung kann und sollte man Bezug auf die Angaben der Stellenausschreibung nehmen.

Initiativbewerbungen

Eine Initiativbewerbung ist eine Bewerbung, die sich nicht auf eine ausgeschriebene Stelle bezieht. Gerade wenn man besonderes Interesse an einer bestimmten Firma hat, diese aber zurzeit keine Ausbildungen anbietet, macht eine Initiativbewerbung Sinn. Vergewissern Sie sich am besten vorher, ob die Firma grundsätzlich die Möglichkeit zur Ausbildung anbietet, sonst ist der Aufwand für die Bewerbung umsonst. Bei einer Initiativbewerbung ist es besonders wichtig, im Anschreiben die Motivation für die Wahl genau dieser Firma darzulegen. So steigen die Chancen, dass die Firma sich vielleicht für die Schaffung eines Ausbildungsplatzes entscheidet oder Sie für die nächstmögliche Position in Erwägung zu ziehen. Auch wenn man sich um eine verhältnismäßig seltene Stelle bewirbt oder auf eine bestimmte Region begrenzt ist, kann man mit

Initiativbewerbungen seine Chancen auf einen Ausbildungsplatz steigern. Manchmal nennen Jobcenter mögliche Adressen für Initiativbewerbungen, aber auch Telefonbuch und Internet sind gute Anlaufstellen. Eine Nachfrage bei örtlichen Berufsschulen kann ebenfalls eine Quelle für mögliche Bewerbungsadressen sein.

Vermittlung durch Jobcenter

In Jobcentern werden nicht nur offene Ausbildungsstellen präsentiert, es können auch offene Fragen und Befürchtungen abgeklärt werden. Im Gespräch mit den geschulten Mitarbeitern können diese ganz gezielte Empfehlungen aussprechen und eventuell sogar direkte Kontakte zu passenden Firmen hergestellt werden. 2.9 Was tun wenn man keine Ausbildungsstelle findet? Wenn sich die Suche nach einer Ausbildungsstelle hinzieht muss das keinen Stillstand bedeuten. In dieser Zeit kann man durch persönliche Fortbildung und Praktika Vorbereitungen für die Ausbildung treffen und sich für Firmen interessanter machen. Sind für dieses Jahr bereits alle Plätze in der gewünschten Firma vergeben, kann das Angebot eines Praktikums der Firma die eigene Motivation vor Augen führen. In dieser Zeit können beide Seiten unverbindlich testen, ob eine weitere Zusammenarbeit wünschenswert ist. Es muss aber nicht unbedingt genau der Betrieb sein, in dem man später die Berufsausbildung machen will. Vielleicht kann ein Betrieb keine Ausbildungsplätze anbieten, aber einen Praktikumsplatz? Jedes Praktikum bringt Berufserfahrung, die für beide Seiten vorteilhaft ist. Wenn es gar nicht klappt mit der Ausbildungsstelle kann es helfen, ein paar Schritte zurück zu gehen. Überprüfen Sie Ihre Prioritäten: Muss es wirklich unbedingt eine Firma in der Region sein? Muss es genau diese Firma oder eine Firma gleicher Größe/gleicher Bekanntheit oder ähnlichem sein? Weiten Sie Ihre Suchkriterien aus, überlegen Sie, ob Sie einen ähnlichen Beruf vielleicht mit einer anderen Berufsausbildung, durch

Zusatzausbildungen oder durch ein anschließendes Fachhochschul-Studium erreichen können.

Ausbildung am Wohnort oder in der Ferne?

Auch wenn die Berufsbezeichnung die gleiche ist, Betriebe unterscheiden sich in der Ausbildungsweise, sie können vielleicht nicht den gesamten Interessenbereich des Auszubildenden abdecken oder die Arbeitsweise deckt sich nicht mit den eigenen Vorstellungen. Vielleicht möchte man seine Berufsausbildung in einem besonders großen Unternehmen mit bestimmten Referenzen oder in einem möglichst umweltbewussten Betrieb absolvieren. In diesem Fall macht es Sinn, die Suche überregional auszuweiten und sich nicht auf die direkte Umgebung oder bestimmte Städte zu beschränken. Bei häufig angebotenen Stellen und ohne bestimmte Vorlieben hat man die Wahl, an seinem Wohnort zu bleiben oder sein Glück in der Ferne zu suchen. Eine Berufsausbildung im direkten Umfeld hat viele Vorteile: Durch die Möglichkeit, zu Hause zu wohnen, spart man Miete oder wohnt zumindest in der Regel deutlich günstiger als in einer eigenen Wohnung oder Wohngemeinschaft. Ist der Ausbildungsbetrieb nah genug, dass er mit dem Fahrrad oder zu Fuß erreichbar ist, spart man sich außerdem noch die Anschaffung eines Fahrzeuges bzw. die Kosten für öffentliche Transportmittel. Bei einem weiter entfernten Betrieb stellt sich die Frage, ob man pendeln möchte oder an den neuen Arbeitsort zieht. Bei größeren Entfernungen ist es meist deutlich einfacher, sich für einen Umzug zu entscheiden. Zeit und Fahrt bedeuten häufig mehr Stress und Kosten als Wohnungssuche, Umzug und Miete. Eine eigene Wohnung ist außerdem ein weiterer Schritt in die Selbstständigkeit. Wie schwierig sich die Wohnungssuche gestaltet, ist von der Region, den eigenen Wünschen und den finanziellen Möglichkeiten abhängig. Einige, in der Regel größere, Betriebe bieten ihren Auszubildenden firmeneigene Wohnungen oder Zimmer zu günstigen Konditionen an. Wer selbst auf die Suche geht kann über Zeitungsanzeigen oder

Wohnungsbörsen für Auszubildende und Studenten fündig werden. Eine Wohngemeinschaft ist eine gute Möglichkeit, auch ohne Zuschüsse mit seinem Auszubildendengehalt zu den eigenen vier Wänden zu kommen. Wer sich für eine Ausbildung im Ausland entscheidet, sollte sich genau über die Bestimmungen des Landes informieren. Besonders wichtig ist die Anerkennung des Berufes in Deutschland und anderen Ländern, wenn man nach der Berufsausbildung wieder zurückkehren möchte. Große Firmen bieten zum Teil Ausbildungen im Ausland an und unterstützen bei Formalitäten und Umzug. Die berufliche Bildung im Ausland kann sich nachteilig auf eine spätere Arbeit in Deutschland auswirken, wenn sich die Ausbildungsinhalte sehr von denen deutscher Berufe unterscheiden oder sich sehr auf regionale Arbeitsweisen beziehen. Dies kann jedoch auch ein Vorteil sein, wenn der gewählte Beruf in Deutschland selten und gefragt ist, Wert auf internationale Standards gelegt wird oder Fremdsprachen im weiteren Beruf eine Rolle spielen. Wie Sie sich entscheiden, ist sehr individuell und sollte sorgsam überlegt werden. Beziehen Sie dabei berufliche wie persönliche Gründe in die Entscheidung mit ein.

Der Ausbildungsvertrag

Mit dem Beginn der Berufsausbildung wird zwischen dem Auszubildenden und dem Ausbildungsbetrieb ein Ausbildungsvertrag geschlossen. Der Inhalt des Vertrages ist über das Berufsausbildungsgesetz (BBG) und in einigen Fällen über Tarifverträge geregelt. Es ist vorgeschrieben, dass der Ausbildungsvertrag schriftlich geschlossen wird und vor Beginn des Vertragsverhältnisses vom Auszubildenden und dem Betrieb als Ausbilder unterschrieben wird. Bei Minderjährigen müssen zusätzlich die Erziehungsberechtigten den Vertrag unterschreiben und damit ihr Einverständnis für die Berufsausbildung geben. Der Vertrag wird nach Abschluss durch den Ausbildungsbetrieb an die zuständige Stelle geschickt, zum Beispiel die Handwerkskammer. Hier wird noch einmal geprüft, ob der Ausbildungsbetrieb alle für

Ausbildungen erforderlichen Nachweise und Möglichkeiten besitzt. Der Vertrag wird auf Vollständigkeit und Entsprechung der gesetzlichen Vorgaben geprüft. Beide Parteien bekommen ein Original des durch die Kammer geprüften Vertrages. Da ein Ausbildungsvertrag sehr umfangreich ist, kann es sinnvoll sein, sich vor dem Unterschriftentermin einen Vordruck zukommen zu lassen und ihn Ruhe zu prüfen. So können Unstimmigkeiten frühzeitig erkannt und angepasst werden.

Was wird geregelt?

Im Ausbildungsvertrag sollten möglichst alle wichtigen Punkte der Ausbildung geregelt sein. Der Name des Ausbildungsberufes muss im Vertrag stehen, ebenso Angaben zum zeitlichen Rahmen und Inhalt der Ausbildung. Dazu gehören auch Angaben zum Umfang der Berufsschule und eventuellen Ausbildungsmaßnahmen außerhalb der Ausbildungsstätte. Je nach Berufsbild können diese vorgeschrieben sein, zum Beispiel bestimmte externe Kurse, oder sie werden vom Betrieb angeboten. Falls ein Betrieb beispielsweise einige Arbeitsweisen des Berufsbildes nicht abdeckt, können Praktika in anderen Betrieben absolviert werden. Oder die Ausbildung kann in verschiedenen Filialen der gleichen Firma stattfinden. Der Beginn und die Dauer der Ausbildung werden festgelegt. Meist sind dies vom Betrieb vorgegebene Termine, es können aber in Einzelfällen auch abweichende Starttermine verhandelt werden. Im Vertrag muss der Ort der Ausbildung genannt werden. Dies ist wichtig, da die Fahrtkosten zum Betrieb vom Auszubildenden getragen werden, ebenso zählt die An- und Abfahrtszeit nicht als Arbeitszeit. Wird der Auszubildende an anderen Orten eingesetzt, trägt der Betrieb die Kosten und die An- und Abfahrt gilt als Arbeitszeit. Die Teilnahmen an außerbetrieblichen Bildungsmaßnahmen sind ebenfalls im Vertrag geregelt. Weitere Regelungen sind die Dauer der Probezeit, die Höhe und Zahlungsbedingungen der Vergütung, Voraussetzungen für die Kündigung, die gültigen

Arbeitszeiten und die Pflichten des Ausbilders. Die Vergütung und der Urlaubsanspruch richten sich nach den Tarifverträgen der Gewerkschaften, der Mindesturlaub ist außerdem im Arbeitsrecht geregelt. Die geltenden Tarifverträge und Betriebsvereinbarungen sind im Vertrag aufgeführt.

Arbeitszeit

Die Arbeitszeit wird ebenfalls im Vertrag geregelt. In der Regel wird diese 40 Stunden in der Woche umfassen, kürzere Zeiten können tariflich vereinbart sein und gelten dann auch für Auszubildende. Die tägliche Arbeitszeit beträgt meist 8 Stunden täglich, dies ist im Arbeitszeitgesetz geregelt. Eine zeitweise Erhöhung auf 10 Stunden ist möglich. Die Verteilung der täglichen Arbeitszeit ist in jedem Betrieb unterschiedlich, so ist auch Samstagsarbeit möglich. Für Pausen gilt die Regelung, dass mindestens 30 Minuten Pause bei einer Arbeitszeit von mehr als 6 Stunden gegeben werden muss, bei mehr als 9 Stunden sind 45 Minuten Pause bindend. Die Berufsschulzeit wird in vielen Betrieben als ein Tag, also 8 Stunden, angerechnet. Wird vom Auszubildenden verlangt, nach der Schule noch in den Betrieb zu kommen, so wird die Schulzeit inklusive Hin- und Rückweg als Arbeitszeit angerechnet, soweit die Schulzeit innerhalb der üblichen Arbeitszeit liegt. Überstunden sind für Auszubildende freiwillig und können nicht verlangt werden, wenn sie nicht der Berufsausbildung dienen. Generell dürfen maximal 48 Stunden bzw. zeitweise bis zu 60 Stunden in der Woche geleistet werden. Wenn nichts anderes vereinbart ist werden Überstunden vergütet oder durch Freizeit ausgeglichen. Diese Angaben gelten für volljährige Auszubildende, für Minderjährige gelten andere Vorschriften. Die Arbeitszeit für Minderjährige darf nach dem Jugendschutzgesetz maximal 8 Stunden, in Ausnahmen bis 8,5 Stunden, und in der Woche maximal 40 Stunden betragen. Zwischen 4,5 und 6 Stunden Arbeit besteht das Recht auf eine 30-minütige Pause, darüber hinaus liegt die Pause bei einer Stunde. Die Zeiten, in denen Minderjährige arbeiten dürfen, sind beschränkt: Zwischen

20:00 und 6:00 Uhr dürfen Minderjährige, mit gewerbebedingten Ausnahmen für zum Beispiel Bäcker oder Schichtbetrieb, nicht arbeiten, auch der Samstag ist frei. Auch hier gibt es für einige Gewerbezweige Ausnahmen. Ein Berufsschultag in der Woche mit mehr als 5 Unterrichtsstunden gilt als voller Arbeitstag mit 8 Stunden, Ausnahmen gelten für Blockunterricht. Ausbildungsverträge sind immer auch von den Erziehungsberechtigten zu unterschreiben. Für Minderjährige ist bei Beginn der Ausbildung eine Bescheinigung über eine ärztliche Erstuntersuchung vorzulegen, die nicht älter als 14 Monate alt sein darf. Eine Nachuntersuchung ist in den letzten Monaten des ersten Ausbildungsjahres erforderlich, falls bis dahin das 18. Lebensjahr noch nicht erreicht ist.

Ausbildungzeit

Gemäß den Ausbildungsverordnungen dauern Ausbildungen zwischen zwei und drei Jahren. So kann eine Ausbildung verkürzt werden, wenn zu erwarten ist, dass das Ausbildungsziel in der gekürzten Zeit erreicht wird. Dies kann der Fall sein, wenn ein höherer Schulabschluss oder entsprechende Vorkenntnisse durch lange Praktika oder vorangegangene Ausbildungen vorliegen. Verkürzte oder verlängerte Ausbildungszeiten sind bei den zuständigen Stellen zu beantragen und im Ausbildungsvertrag festzuschreiben.

Pflichten des Ausbilders

Mit der Unterschrift verpflichtet sich der Ausbilder bzw. der ausbildenden Betrieb dazu, seine Eignung für Ausbildungen nachzuweisen, die gesetzlichen und tariflichen Regelungen einzuhalten und den Auszubildenden entsprechend den Arbeitszielen zu unterweisen. Das bedeutet auch, dass er ihm nur ausbildungsbezogene Tätigkeiten zuweisen darf. Er verpflichtet sich weiter, den Auszubildenden für Berufsschule und Prüfungen freizustellen, die benötigten Arbeitsmittel zu stellen und Berichtshefte etc. zu kontrollieren. Der Ausbilder ist auch für die Anmeldung zu den Zwischen- und Abschlussprüfungen verantwortlich.

Unzulässige Regelungen

Einige Vereinbarungen, die sich in manchen Verträgen finden lassen, sind gemäß dem Berufsausbildungsgesetz nichtig. Selbst wenn diese Klauseln in Verträgen stehen, sind sie nicht gültig. Dazu gehören Vereinbarungen, die eine Übernahme nach dem Ausbildungsverhältnis vorschreiben, die die Ausübung des Berufes ganz oder eingeschränkt verbieten, die Entschädigungszahlungen für die Ausbildung fordern, Vertragsstrafen enthalten oder Schadensersatzansprüche ausschließen.

Ausbildungsvertrag kündigen

Während der Ausbildung gelten verschiedene Kündigungsfristen, die gesetzlich geregelt und einzuhalten sind. Die Vorschriften gelten für beide Parteien und richten sich danach, ob die Kündigung vor Ausbildungsbeginn, während der Probezeit oder während des restlichen Ausbildungsverhältnisses stattfindet.

Kündigung vor Beginn

Vor Ausbildungsbeginn kann das Vertragsverhältnis von beiden Seiten ohne Einhaltung von Fristen gekündigt werden, wenn im Vertrag keine abweichenden Regelungen getroffen wurden. Die Kündigung sollte schriftlich erfolgen, auch wenn es keine Sanktionen für das Nichteinhalten des Vertrages gibt, so lange die Ausbildungszeit noch nicht begonnen hat.

Kündigung in der Probezeit

Während der Probezeit kann das Ausbildungsverhältnis ohne Angabe von Gründen gekündigt werden. Die Dauer der Probezeit ist im Ausbildungsvertrag geregelt und reicht von mindestens einem Monat bis zu maximal vier Monaten. Längere Probezeiten sind in der Ausbildung nicht zulässig. Auch Fristen müssen nicht eingehalten werden, die Kündigung muss schriftlich erfolgen. Die Kündigung kann in einfacher Form erfolgen, sie sollte neben der kompletten Anschrift beider Vertragspartner die Informationen enthalten, dass die Kündigung innerhalb der Probezeit erfolgt und das Datum, an dem die Kündigung wirksam wird. Die Kündigung ist mit Original Unterschrift einzureichen, bei Minderjährigen müssen zusätzlich die Erziehungsberechtigten unterschreiben. Werden Auszubildende während der Probezeit schwanger, so müssen sie dies nicht noch in der Probezeit mitteilen. Eine Kündigung mit Angabe dieses Grundes ist immer unzulässig, außerdem gilt für Schwangere ein besonderer Kündigungsschutz nach dem Mutterschutzgesetz. Sollte der Betrieb Gefahren für das Ungeborene bergen, zum Beispiel durch Infektions- oder Verletzungsrisiken, sollte man die Schwangerschaft natürlich mitteilen, so dass entsprechende Maßnahmen möglich sind.

Kündigung nach Ablauf der Probezeit

Nach der Probezeit besteht für Auszubildende eine Kündigungsfrist von vier Wochen, wenn sie die Ausbildungsberufe nicht weiter erlernen möchten. Eine außerordentliche Kündigung ist ohne Fristen von beiden Seiten möglich, aber nur aus wichtigem Grund. Dies kann von Seiten des Ausbildungsbetriebes zum Beispiel der Fall sein, wenn sich der Auszubildende wiederholt und trotz Abmahnungen nicht an die vertraglichen Pflichten hält oder sich etwas anderes zu Schulden kommen lässt. Wenn beide Seiten das Vertragsverhältnis kündigen möchten, ist eine Auflösung des Vertrages möglich, geregelt wird dies durch das Arbeitsrecht. Wenn es keine wichtigen Gründe für eine Kündigung gibt ist eine Auflösung meist die einfachere und für beide Seiten fairere Variante, den Vertrag zu lösen.

Wie läuft die Ausbildung ab?

Die Ausbildung gliedert sich in die betriebliche Ausbildung, während der man in den Alltag des Betriebes eingebunden wird, die Berufsschule und außerbetriebliche Fortbildungsmaßnahmen. Vorgeschrieben ist, dass alle

Bereiche der Ausbildung der Fortbildung dienen. So ist ein Auszubildender zum Bürokaufmann/ zur Bürokauffrau nicht verpflichtet, sich zum Beispiel auch um das Kaffee kochen zu kümmern, ein Gärtner- Azubi darf nicht gezwungen werden, das Treppengeländer vom Chef zu lackieren. So lange solche Tätigkeiten nur einen geringen Teil der Arbeitszeit ausmachen und die Aufgaben nicht unzumutbar sind, ist eine Verweigerung aber nicht erforderlich und kann den Firmenfrieden unnötig stören. Wichtig ist nur zu wissen: Sie müssen diese Aufgaben nicht erfüllen. Ein immer wieder auftretender Begriff ist der der Zuständigen Stelle. Damit sind gemäß Berufsbildungsgesetz die Handwerkskammer (HWK), die Industrie- und Handelskammern (IHK), die Landwirtschaftskammern, die Rechtsanwalts-, Patentanwalts-, Notarkammern und Notarkassen, die Wirtschaftsprüfer- und Steuerberaterkammern und die Ärzte-, Zahnärzte-, Tierärzte- und Apothekerkammern gemeint. Im Öffentlichen Dienst sind dies die Behörden und Gemeinden. Die zuständige Stelle ist dem Ausbildungsvertrag zu entnehmen. Die Kammern überwachen und fördern die Berufsausbildung für die in ihr organisierten Unternehmen und Betriebe einer Region. Sie sind nicht nur für die Registrierung von Lehrlingen zuständig sondern stehen Betrieb und Auszubildendem beratend zur Verfügung. Sie sind außerdem für die Prüfungen verantwortlich.

Ausbildungsinhalte
Die Inhalte der Ausbildung sind in der jeweiligen Ausbildungsordnung geregelt. Die Erstellung und Änderung von Ausbildungsordnungen gehen meist von Fachverbänden und Gewerkschaften aus. Das zuständige Bundesministerium entscheidet dann in Abstimmung mit den Ländern über die Verordnung, nachdem alle Beteiligten angehört wurden. Alle anerkannten Ausbildungsberufe sind in Ausbildungsordnungen beschrieben. Die Ausbildungsordnung enthält neben Angaben zur Dauer und zu Prüfungsanforderungen auch eine Darstellung des

Berufsbildes mit den zu erlernenden Kenntnissen, Fertigkeiten und Fähigkeiten. Eine genauere Darstellung und ein zeitlicher Ablauf der Ausbildung finden sich im enthaltenen Ausbildungsrahmenplan, der als Vorgabe für den Ausbildungsbetrieb dient. Ausbildungen finden im dualen System statt, dies gliedert sich in die betriebliche Berufsausbildung und die Berufsschule.

Berufsschule

Für die Berufsschulen gilt ein Rahmenlehrplan, der die Grundlage für den Unterricht bildet und auch Teil der Ausbildungsordnung ist. Der Umfang der Unterrichtsstunden unterscheidet sich je nach Ausbildungsberuf, 1-2 Tage pro Woche Berufsschule sind die Regel. Einige Schulen unterrichten im Blockunterricht, das bedeutet, dass der Unterricht in Blöcken von mehreren Tagen bis Wochen am Stück durchgeführt wird. Dies kann zum Beispiel bei seltenen Berufen mit weiten Wegen zur Berufsschule sinnvoll sein. Neben ausbildungsspezifischen Fächern werden an der Berufsschule auch allgemeinbildende Fächer wie Politik oder Deutsch unterrichtet. An Berufsschulen besteht Anwesenheitspflicht, es werden Berufsschulzeugnisse erstellt. Der Abschluss ermöglicht in vielen Fällen weiterführende Schulbesuche.

Betriebliche Ausbildung

Die betriebliche Berufsausbildung ist der praktische Teil. Hier werden Kenntnisse und Fähigkeiten im Alltag und durch den Ausbilder vermittelt. Dies geschieht in der Regel durch das Einbeziehen des Auszubildenden in den täglichen Betriebsablauf. Nach Anweisung erledigt dieser die ihm übertragenen Aufgaben und lernt die für seine Ausbildungsberufe erforderlichen Fähigkeiten. Zusätzlich sollte während der laufenden Arbeit auch weiteres für die Ausbildung relevantes Wissen vermittelt, Hintergründe erklärt und die Tätigkeiten überwacht und gegebenenfalls korrigiert werden. In großen Betrieben durchläuft der Auszubildende alle Stationen eines Betriebes und lernt die verschiedenen Aufgabenbereich und die Organisation kennen. In kleinen Betrieben, die vielleicht nicht alle Bereiche abdecken, können die fehlenden Fertigkeiten zusammen mit dem Ausbilder geübt oder in externen Praktika vermittelt werden. Regelmäßige Treffen mit dem Ausbilder helfen dabei, die eigenen Fortschritte zu überwachen und Schwierigkeiten frühzeitig zu erkennen. Das Berichtsheft sollte ebenfalls in regelmäßigen Abständen durch den Ausbilder geprüft werden, so dass Korrekturen rechtzeitig vorgenommen werden können. Auch lässt sich anhand des Berichtsheftes prüfen, ob der Auszubildende im Alltag ausreichend für ihn sinnvolle Tätigkeiten verrichtet.

Leistungsnachweise, Prüfungen und Noten
Die wichtigsten Prüfungen sind die Zwischen- und die Abschlussprüfung, bzw. die Gesellenprüfung bei Handwerksberufen. Die Prüfungen sind für die jeweiligen Ausbildungsberufe genormt, die Prüfungsvorschriften werden von den Kammern erlassen. Die Prüfungen sind in Theorie und Praxis unterteilt, die Anmeldung zu den Prüfungen erfolgt durch den Betrieb. Dieser teilt dem Auszubildenden den Termin mit, bereitet ihn darauf vor und stellt ihn für die Dauer der Prüfung frei.

Zwischenprüfung
Die Zwischenprüfung findet in der Mitte der Ausbildungen statt und wird durch die zuständige Stelle durchgeführt. In der praktischen Prüfung werden die im Betrieb gelernten Fähigkeiten abgeprüft, in der theoretischen Prüfung wird das erlernte Wissen aus Berufsschule, Praxis und Lehrgängen abgefragt. Die theoretische Prüfung kann schriftlich und/oder mündlich erfolgen. Für jeden Teil werden Noten oder Punkte vergeben, die dann zu einer Gesamtnote verrechnet werden. Das Bestehen der Zwischenprüfung ist keine Voraussetzung für das Fortführen der Ausbildung, sie dient der Kontrolle, ob das Ausbildungsziel für diese Zwischenetappe erreicht wurde.

Anhand der Ergebnisse kann der Auszubildende gezielt die für ihn schwierigen Bereiche fördern und der Betrieb seine Ausbildungsmethoden bei Bedarf individuell anpassen. Ausbildungsbegleitende Hilfen von der Agentur für Arbeit oder private Nachhilfe können ebenfalls in Anspruch genommen werden. Auf der Grundlage sehr guter Ergebnisse kann eventuell eine Verkürzung der Ausbildungszeit beantragt werden. Um zur Abschlussprüfung zugelassen zu werden, ist die Teilnahme an der Zwischenprüfung verpflichtend. Ist die Teilnahme, zum Beispiel aus Krankheitsgründen, nicht möglich, muss die Prüfung nachgeholt werden.

Abschlussprüfung

Um zur Abschlussprüfung zugelassen zu werden, sind außer der Teilnahme an der Zwischenprüfung noch weitere Nachweise erforderlich: Das Ausbildungsverhältnis muss bei der zuständigen Stelle eingetragen sein und die erforderliche Ausbildungszeit muss abgeleistet sein. Als Nachweis dienen Zeugnisse und Anwesenheitslisten der Berufsschule sowie das Berichtsheft für die betriebliche Ausbildung. Das Datum der Prüfung darf bis zu zwei Monate vor Ablauf der Ausbildungszeit liegen. Der Ablauf der Abschlussprüfung entspricht etwa der Zwischenprüfung, es gibt einen praktischen und einen theoretischen Teil. Für das Bestehen der Prüfung müssen mindestens die Hälfte der möglichen Punkte erreicht werden, aus den Punkten wird eine Gesamtnote von sehr gut bis ausreichend vergeben. Sollten Sie durch die Prüfung fallen, kann eine Nachprüfung erfolgen. Oft ist die Wiederholung der Prüfung nur für die Fächer zu absolvieren, in denen man durchgefallen ist. Ob und in welchem Umfang eine Nachprüfung erforderlich oder möglich ist, wird durch die zuständige Stelle mitgeteilt. Ist keine Nachprüfung möglich, kann die Abschlussprüfung bis zu zweimal wiederholt werden. Dafür kann die Ausbildungszeit bis um maximal ein Jahr verlängert werden.

Urlaub

Der Urlaubsanspruch wird im Ausbildungsvertrag geregelt, als Grundlage dienen das Bundesurlaubsgesetz und, wenn vorhanden, der Tarifvertrag. Der Urlaub wird meist in Arbeitstagen angegeben, ein Arbeitstag entspricht dabei meist 8 Stunden. Bei abweichenden Arbeitszeiten werden individuelle Regelungen getroffen. Ob die Möglichkeit besteht, bei Bedarf auch halbe Urlaubstage zu nehmen, ist beim Betrieb zu erfragen. Für Minderjährige gilt das Jugendarbeitsschutzgesetz, für unter 16 Jährige müssen 30 Werktage Urlaub gewährt werden, unter 17 Jährige erhalten 27, unter 18 Jährige mindestens 25 Werktage Urlaub.

Finanzielle Unterstützung während der Ausbildung

Wenn das Ausbildungsgehalt nicht für die laufenden Kosten ausreicht, weil zum Beispiel eine teure Wohnung gezahlt werden muss, können Auszubildende Unterstützung beantragen.

Berufsausbildungsbeihilfe

Die Berufsausbildungsbeihilfe (BAB) kann für den Zeitraum der Berufsausbildung und auch für berufsvorbereitende Bildungsmaßnahmen beantragt werden. Die BAB wird nur gewährt, wenn der Auszubildende nicht mehr bei den Eltern wohnt. Dabei muss für Minderjährige nachgewiesen werden, dass das Wohnen bei den Eltern aus wichtigen Gründen nicht möglich ist. Der Antrag wird bei der regional zuständigen Agentur für Arbeit gestellt und kann rückwirkend für die bereits geleistete Ausbildungszeit bis zu 6 Monate gewährt werden. Förderfähig sind alle Ausbildungen in anerkannten Ausbildungsberufen mit abgeschlossenem Ausbildungsvertrag, sie wird grundsätzlich nur für die erste Ausbildung gezahlt. Ob und in welcher Höhe BAB gewährt wird, ist vom Einkommen abhängig. Angerechnet werden neben dem Ausbildungsgehalt auch andere Förderungen, Einkommen von Lebenspartnern (bei Minderjährigen Einkommen der Eltern) und sonstige Nebeneinnahmen.

Weitere Ausbildungshilfen

Bis zur Vollendung des 25. Lebensjahres wird während der Ausbildung Kindergeld gezahlt. Wer nicht mehr bei seinen Eltern wohnt und ihnen auch sonst keine Kosten verursacht hat Anspruch auf Auszahlung des Kindergeldes. Wenn die BAB abgelehnt wird, kann ein Antrag auf Wohngeld gestellt werden. Voraussetzung dafür ist die eigene Wohnung und der Nachweis, dass das Einkommen der Eltern eine bestimmte Schwelle nicht überschreitet. Werden auf Grund eines zu hohen Einkommens der Eltern BAB und Wohngeld abgelehnt, sind die Eltern für die Zahlung von Unterhalt verantwortlich. Dieses Recht kann auch eingeklagt werden. Natürlich sollte dies der letzte Ausweg sein, im Notfall steht diese Option aber zur Verfügung. Nebenjobs während der Berufsausbildung sind möglich, müssen aber dem Ausbilder mitgeteilt werden. Die Erlaubnis dafür darf er nur verwehren, wenn der Nebenjob die Ausbildung negativ beeinflusst oder der Auszubildende bei einem Konkurrenzbetrieb arbeiten möchte. Dabei ist darauf zu achten, dass insgesamt die nach Arbeitszeit- oder Jugendarbeitsschutzgesetz zulässigen Zeiten nicht überschritten werden.

Welche Alternativen gibt es nach der Schule?

Wer nach der Schule nicht oder nicht direkt in den Berufsalltag einsteigen und eine Berufsausbildung beginnen möchte, hat einige Alternativen. Die Zeit kann sehr gut genutzt werden, um sich fortzubilden und damit seinen Wert auf dem Ausbildungsmarkt zu steigern.

Freiwilliges soziales Jahr

Jeder, der die Vollzeitschulpflicht erfüllt und zwischen 16 und 26 Jahren alt ist, kann ein freiwilliges soziales Jahr machen. Dabei handelt es sich um eine soziale Tätigkeit, in der Regel wird man diese in Vollzeit ausüben. Ein freiwilliges soziales Jahr (FSJ) kann man zum Beispiel in der Altenhilfe, der Kinder- und Jugendhilfe, der Behindertenhilfe, der Gesundheitspflege, kulturellen Einrichtungen und anderen

Einrichtungen für das Gemeinwohl absolvieren. Die Dauer beträgt in der Regel ein Jahr, möglich sind Zeiten zwischen 6 und 18 Monaten. Das FSJ beginnt meist im Spätsommer oder Herbst des Jahres, genau wie die meisten Ausbildungen. Während des FSJ werden in der Regel Unterkunft und Verpflegung gestellt und ein Taschengeld gezahlt. Weiter ist eine beitragsfreie Versicherung in der Kranken- und Rentenversicherung möglich, es besteht ein Anspruch auf Kindergeld. Ähnlich läuft das Freiwillige ökologische Jahr ab. Hier liegt der Fokus in Tätigkeiten für die Umwelt, gute Ansprechpartner sind zum Beispiel Naturschutzstationen.

Auslandsaufenthalt
Während eines Auslandsaufenthaltes können nicht nur die Sprachkenntnisse erweitert, sondern auch neue Kulturen erfahren und die Selbstständigkeit ausgebaut werden. Diese Zusatzqualifikationen sind auch in der Arbeitswelt immer mehr gefragt und verbessern die Chancen auf einen Ausbildungsplatz. Neben selbst organisierten Reisen gibt es weitere Möglichkeiten, die zum Teil auch gefördert werden. Ein Freiwilliges soziales oder ökologisches Jahr kann man zum Beispiel auch im Ausland absolvieren. Beim Freiwilligendienst wird man von einer Organisation in verschiedenen Bereichen, zum Beispiel in der Entwicklungshilfe eingesetzt. Unterkunft und Verpflegung werden in der Regel gestellt, die Reisekosten sind selbst zu tragen. Je nach Organisation können auch Vermittlungsgebühren anfallen. Beim WWOOFen (World-wide opportunities on Organic Farms) arbeitet man auf verschiedenen Farmen gegen Unterkunft und Verpflegung. Man bewirbt sich direkt bei den Farmen und ist für seine Reise selbst verantwortlich. Das WWOFen ist eine gute Art, Menschen aus anderen Kulturkreisen und Gleichgesinnte hautnah kennen zu lernen. Als Au-pair zieht man in eine Gastfamilie und unterstützt diese in der Kinderbetreuung und der Hausarbeit. Dafür bekommt man Unterkunft und Verpflegung und meist auch ein kleines Taschengeld. Darüber hinaus besteht natürlich auch die

Möglichkeit, sich direkt bei Firmen im Ausland um einen Job oder ein Praktikum zu bewerben.

Studium

Die Voraussetzung für ein Studium an einer Universität ist das Abitur, je nach Studiengang müssen bestimmte Notendurchschnitte, der Numerus Clausus (NC) erreicht werden. Durch Wartesemester kann der NC verbessert werden, Ausbildungszeiten werden zum Beispiel als Wartezeiten anerkannt. Für ein Studium an Fachhochschulen benötigt man die Fachhochschulreife. Diese kann in Fachschulen, Berufsfachschulen, an Gymnasien und auch über Volkshochschulen und Abendschulen erlangt werden. Je nach Studiengang können weitere Zugangsvoraussetzungen, wie ein Praktikum, vorliegen. Das Studium findet überwiegend theoretisch in Form von Vorlesungen statt, dazu kommen Projektarbeiten und eventuell Praktika.

Praktika

Ein Praktikum bietet sich immer an, um einen Einblick in den gewählten Beruf zu bekommen oder Wartezeiten sinnvoll zu überbrücken. Vielleicht bietet ja sogar der gewünschte Ausbildungsbetrieb die Möglichkeit, ein Praktikum zu absolvieren. So können beide Seiten unverbindlich testen, ob sie zusammen passen. Die Bewerbung für ein Praktikum kann meistens formlos durch ein Telefonat oder durch eine persönliche Vorstellung erfolgen. Einige Firmen verlangen jedoch auch für ein Praktikum komplette Bewerbungsunterlagen. Dies lässt sich durch eine kurze Nachfrage im Voraus klären.

Einstiegsqualifizierung für Jugendliche

Die Einstiegsqualifizierung (EQ)bietet Ausbildungssuchenden die Möglichkeit, 6- 12 Monate lang einen Betrieb kennen zu lernen und so an Ausbildungen herangeführt werden. Die EQ ist besonders für die jungen Menschen geeignet, die keinen Ausbildungsplatz bekommen haben, sozial benachteiligt oder lernbeeinträchtigt sind oder aus anderen Gründen noch keine volle Ausbildung absolvieren können. Betriebe haben so die Möglichkeit, den Bewerber besser kennen zu lernen. Wenn der Betrieb bisher noch keine Ausbildungen angeboten hat, kann der Ausbilder in diesem Rahmen auch seine eigenen Fähigkeiten testen. Die EQ muss in einem anerkannten Ausbildungsberuf absolviert werden, die Vertragsgrundlagen sind ähnlich wie bei einem Ausbildungsvertrag. Es besteht die Möglichkeit einer Förderung durch Zuschüsse für den Arbeitgeber, was die EQ für Betriebe noch interessanter macht. Nach der EQ besteht die Möglichkeit, die folgende Berufsausbildung zu verkürzen, wenn die Voraussetzungen für eine Verkürzung gegeben sind.

Fazit

Mit einer Ausbildung beginnt der Start in das Erwachsenenleben. Die Berufsausbildung ist die erste freie Entscheidung in der beruflichen Laufbahn. Waren die Wahlmöglichkeiten, in der Schule bisher darauf beschränkt, sich zwischen Haupt- und Nebenfächern aus vorgegebenen Kombinationsmöglichkeiten oder für Arbeitsgruppen zu entscheiden, wartet mit dem Ausbildungsberuf eine schier unendliche Fülle an Möglichkeiten für den weiteren beruflichen Werdegang. Im Gegensatz zum Studium kann man in einer Berufsausbildung direkt in die praktische Arbeit starten, wobei durch die parallele Berufsschule und die Vermittlung von Wissen im Betrieb auch die theoretische Seite nicht zu kurz kommt. Das erste eigene Geld fließt bereits mit Beginn der Ausbildung, nach einer Regeldauer von zwei bis drei Jahren kann man voll ins Berufsleben einsteigen. Die Chancen auf eine Übernahme in den Ausbildungsbetrieb sind gut, auf Grund der praktischen Erfahrung ist auch der Einstieg in eine neue Firma einfacher, als zum Beispiel nach einem Studium. Der Verdienst ist auf Dauer im Schnitt aber geringer, als nach einem Studium. Es stehen viele Hilfestellungen für die Suche nach einer Ausbildungsstelle zur Verfügung und auch während der Ausbildungen können Hilfsangebote in Form von Nachhilfe oder finanzieller

Unterstützung in Anspruch genommen werden. Wenn Sie nicht direkt eine Ausbildungsstelle finden, können Sie Ihren Lebenslauf durch Praktika oder ein freiwilliges soziales Jahr aufpeppen und ihre Chancen so steigern. Wenn der Traumjob wartet ist es die Mühe wert. Und wenn der gewählte Beruf dann auf Dauer doch nicht der richtige ist oder Sie sich fortbilden möchte, kann die Berufsausbildung eine gute Grundlage für ein folgendes Studium werden, die Fachhochschulreife kann auch im Rahmen der Berufsausbildung erlangt werden.

BEWERBUNG UM EINEN AUSBILDUNGSPLATZ: DER ERSTE EINDRUCK ZÄHLT

Noch bevor es überhaupt zu einer persönlichen Vorstellung im ersehnten Betrieb kommt, muss die Bewerbung zur Ausbildung überzeugen. Diese schriftliche Vorstellung leitet den Weg in den Ausbildungsberuf ein und sollte dementsprechend gestaltet sein. Dabei gilt: unterschiedliche Ausbildungen bedürfen darauf abgestimmte Bewerbungen. Durch eine überzeugende Präsentation des eigenen Könnens in der Bewerbungsmappe steigen die Chancen zum Gespräch geladen und für die Ausbildung ausgewählt zu werden.

Seite eins - guter Eindruck ist alles

Auf der ersten Seite der Bewerbung zur Ausbildung steht immer ein persönliches Anschreiben des Bewerbenden, sowie ein Foto. Besonders für kaufmännische Berufe, bei denen ein gepflegtes und sympathisches Auftreten wichtig ist, spielt die Auswahl einer geeigneten Fotografie eine wichtige Rolle.

Doch noch wichtiger ist immer der Text des persönlichen Anschreibens. Dort gilt es, sich selbst positiv darzustellen, sowie bestimmte charakteristische und besondere Fähigkeiten aufzuzeigen, die für das gewählte Berufsfeld von Vorteil sind.

Bei der Formulierung des Bewerbungstextes sollte darauf geachtet werden, dass die Tonalität dem zukünftigen Berufsfeld angepasst wird. Soll ein Beruf im Bereich Kommunikation als Lehrstelle in Frage kommen, sollte der Ton gehobener und fachmännisch sein. Gleiches gilt für medizinische Felder. Handwerkliche Ausbildungsberufe erlauben einen etwas salopperen, aber dennoch höflichen Schreibstil. Einzig bei kreativen Ausbildungen kann es sogar gefordert sein, eine kreative Arbeit als Bewerbungsschreiben einzureichen. Hier ist also Fantasie und Begabung in der Ausarbeitung gefragt. In jedem Fall sollte eines nicht vergessen werden: Rechtschreibung und Grammatik. Auch bei sehr guten Deutschkenntnissen, ist es immer von Vorteil nach dem Schreiben eine Fehlerprüfung zu machen, bevor alles in die Post geht. Durch schnelles Tippen, aber auch durch Nervosität schleicht sich hier und da der Fehlerteufel ein. Und dieser ist nie gern gesehen, wenn es um die Vergabe von Ausbildungsstellen geht.

Lebenslauf und Zeugnisse

Nach dem Anschreiben folgen Unterlagen wie Lebenslauf und Zeugnisse. Der Lebenslauf wird dabei, wegen der besseren und schnelleren Übersicht in tabellarischer Form angelegt. Wichtige Eckdaten wie erreichen der schulischen Abschlüsse, aber auch bereits ausgeübte Berufe, falls eine zweite Ausbildung angestrebt wird, gehören dort vermerkt. Hinzu kommen Angaben zur Person, wie Wohnort und Alter. Letzteres spielt bei einigen Ausbildungsberufen eine wichtige Rolle, da diese ein Mindestalter erfordern. Dies tritt besonders bei sozialen Berufen auf, sodass ein Blick in die entsprechende Liste von Vorteil ist.

Unter dem tabellarischen Lebenslauf können Zusätze zu bestimmten Qualifikationen und/oder Besonderheiten angegeben werden, wie etwa der Besitz eines Führerscheins, der Mobilität bekundet.

Schulische Zeugnisse, ob Hauptschule, Realschule, (Fach-)Abitur oder eine andere Hochschulreife sind ebenfalls anzufügen. Wurden neben der Schule bereits Praktika ausgeübt, ist es von Vorteil, wenn Arbeitszeugnisse dazu bestehen, die ihr Interesse, ihr Engagement und ihr Können bekunden. Im künstlerischen Bereich können auch diverse, bereits vorhandene Arbeiten in Kopie oder Fotografie beigefügt werden, um so eine individuelle Bewerbung zur Ausbildung zu erhalten.

Panik vorm Bewerbungsschreiben

Hin und wieder kommt es vor, dass man trotz der Vorkenntnisse, wie eine Bewerbung zu verfassen ist, Panik aufkommt. Sollte dies der Fall sein, geben Arbeitsämter gerne Auskunft über Hilfsangebote. Dort werden individuelle Bewerbungen erarbeitet und durch eine Fachkraft überprüft, sodass beim Bewerben nichts schief gehen kann. Ebenso lässt sich im Internet alles für die Hilfe zu einer guten Bewerbung finden.

PROBLEME IN DER AUSBILDUNG WIRKSAM MEISTERN

Ein Coaching in der Ausbildung kann Prüfungsergebnisse verbessern, mehr Freude am erlernten Beruf vermitteln und den schlimmsten Fall, einen vorzeitigen Abbruch der Ausbildung, vermeiden. Coaching klingt teuer, aber das muss es nicht sein. Es gibt viele Angebote, die Auszubildende kostenlos nutzen können.

Lernen von den Besten

Nach langem Suchen und vielen vergeblichen Bewerbungen haben Sie endlich einen Ausbildungsplatz in Ihrem Traumberuf gefunden. Aber nach einiger Zeit wird der Traum zum Albtraum. Dafür kann es viele Gründe geben. Vielleicht fehlen Ihnen Vorkenntnisse, die im Betrieb oder in der Berufsschule vorausgesetzt werden, Sprachkenntnisse oder mathematische Fähigkeiten zum Beispiel. Oder Sie haben die Anforderungen an Ihr handwerkliches Geschick unterschätzt. Es gibt persönliche Differenzen mit dem Ausbilder oder mit Ihren Kollegen. Oder es läuft gerade in Ihrem Leben einfach nicht rund, Stress mit Freund, Freundin oder im Elternhaus wirken sich auf den Beruf aus.

Je nach Art der Schwierigkeiten hilft vielleicht schon ein Gespräch im Betrieb oder in der Schule. Azubis aus dem dritten Lehrjahr steckten vor zwei Jahren möglicherweise in derselben Situation wie Sie heute. Lassen Sie sich helfen, und nehmen Sie guten Rat offen an. Ältere Kollegen liefern ein hervorragendes Coaching für die Ausbildung. Sprechen Sie mit dem Fachlehrer oder einem Vertrauenslehrer an der Berufsschule und lassen Sie sich zeigen, wie Sie Ausbildungsinhalte effizienter erlernen können.

Ist das Vertrauensverhältnis zum Betrieb oder zu Schule gestört, suchen Sie Kontakt zum Ausbildungsberater bei der Industrie- und Handelskammer oder der Handwerkskammer. Schwarze Schafe unter den Ausbildungsbetrieben sind dort bekannt. Ein Auszubildender im Büro lernt nichts, wenn er nur kopiert und Kaffee kocht. Der Ausbildungsberater spricht mit Ihrem Ausbilder, und Verstöße gegen den Jugend- und Arbeitsschutz oder gegen die Ausbildungspflicht können ernste Konsequenzen bis hin zum Entzug der Ausbildungserlaubnis haben.

Ausbildungsbegleitende Hilfen

Eine besondere Form für das Coaching in der Ausbildung sind die ausbildungsbegleitenden Hilfen, abgekürzt abH. Nach dem Dritten Sozialgesetzbuch stehen sie lernbeeinträchtigten oder sozial benachteiligten Menschen zu. Auszubildende mit Migrationshintergrund profitieren von ergänzendem Unterricht in deutscher Sprache und erhalten so gleiche Ausbildungschancen. Wer in der Berufsschule nicht mitkommt, weil er etwas längere Zeit und ausführlichere

Erklärungen braucht, kann im Rahmen von abH-Maßnahmen an überbetrieblichem Unterricht teilnehmen.

Zugegebenermaßen ist der Stützunterricht aber sehr allgemein gehalten, und die Qualität ist stark abhängig davon, wer als Lehrer tätig ist. Neben den Grundlagenfächern Mathematik und Deutsch gibt es für kaufmännische Berufsausbildungen zum Beispiel Angebote in Wirtschaftslehre, aber nicht für die Fachkunde der Versicherungen oder Banken.

Interessant ist für den einen oder anderen Auszubildenden sicher auch die Hilfe durch einen Sozialpädagogen, der nicht nur bei persönlichen Problemen in Beruf oder Familie ein guter Ansprechpartner ist, sondern auch Tipps für effizientes Lernen und gegen Prüfungsangst geben kann.

Eins-zu-ein-Betreuung mit der Initiative VerA

VerA, ausgeschrieben Verhinderung von Ausbildungsabbrüchen, ist ein Angebot des Senior Experten Service in Bonn. Unter der Internet-Adresse http://vera.ses-bonn.de/ haben Auszubildende, aber auch Betriebe seit 2008 die Möglichkeit, Informationen einzuholen und eine persönliche Betreuung durch erfahrene Experten kostenlos anzufordern. Im Rahmen der Initiative Bildungsketten wird VerA vom Bundesministerium für Bildung und Forschung gefördert.

Auf Wunsch bleibt die Betreuung vertraulich. Weder der Ausbilder noch Schule oder Eltern müssen erfahren, dass Sie Hilfe in Anspruch nehmen. Der SES ist eine der größten Ehrenamts-Organisationen in Deutschland für ehemalige Fach- und Führungskräfte. Die bundesweit tätigen Senior Experten arbeiten ehrenamtlich für VerA. Meist sind es Menschen, die im Ruhestand oder während der Phase der Altersteilzeit die Möglichkeit nutzen, ihre beruflichen Kenntnisse weiterzugeben. Aber auch noch aktiv Berufstätige können sich für VerA engagieren. Jeder, der für VerA arbeitet, muss regelmäßig durch ein erweitertes Führungszeugnis nachweisen, dass man ihm junge Leute bedenkenlos anvertrauen kann. Die Koordinatoren in Bonn schulen die Experten. Regelmäßig finden regionale Treffen zum Erfahrungsaustausch statt.

Die Zusammenarbeit zwischen Auszubildendem und Experten regeln die Beteiligten unmittelbar und individuell. Vielleicht ist das Coaching in der Ausbildung durch VerA eine besonders intensive Form des Nachhilfeunterrichts, vielleicht ist es aber auch eine kleine Lebensberatung. Nicht selten sorgt der Experte dafür, dass Auszubildender und Ausbilder wieder zu einer Gesprächsbasis finden.

VIELFÄLTIG UND BRANCHENÜBERGREIFEND: KAUFMÄNNISCHE AUSBILDUNGSBERUFE

Wer eine kaufmännische Ausbildung absolviert, muss nicht zwangsläufig im Einzelhandel arbeiten. Obwohl die meisten Menschen sofort an den Verkäufer im Supermarkt denken, hören sie die Bezeichnung Kaufmann, ist jener kaufmännische Beruf nur einer unter vielen. Zu den in Deutschland populärsten und am häufigsten gewählten Ausbildungsmöglichkeiten gehören der Industrie-, Büro- und Bankkaufmann sowie der Kaufmann im Groß- und Außenhandel. Die Dauer für eine solche Berufsausbildung ist zumeist auf drei Jahre festgelegt. Dennoch kann bei besonders guten Leistungen des Auszubildenden eine Verkürzung auf 2,5 Jahre vorgenommen werden.

Das duale Ausbildungssystem

Der Großteil der kaufmännischen Berufe wird an zwei Lernorten gleichzeitig vermitteln. Neben der Arbeit im Ausbildungsbetrieb müssen die Lehrlinge auch regelmäßig die Berufsschule besuchen. Weil es für Banken, Einrichtungshäuser, Speditionen, Einzelhändler und Büros sinnvoll ist, den Auszubildenden konstant in den Arbeitsalltag zu integrieren, findet nur selten Blockschule statt. Eine lange Abwesenheit vom Arbeitsplatz würde vieles bereits Erlernte wieder vergessen machen. Dies hat zur Folge, dass pro Woche an drei bis vier Tagen im Betrieb und an ein bis zwei Tagen in der Schule gelernt wird. Die in der Klasse erlernte Theorie und die am Arbeitsplatz erfahrene Praxis können sich so gegenseitig befruchten und fördern das Verständnis für den Beruf. Zusammenhänge erschließen sich mit dem dualen Ausbildungssystem leichter. Die Schul- werden zu den Arbeitsstunden kurzerhand hinzugezählt, sodass ein Lehrling auf die gleiche Wochenarbeitszeit wie seine bereits ausgelernten Kollegen kommt.

Nach knapp eineinhalb Jahren steht die sogenannte Zwischenprüfung an. Mit jener wird sichergestellt, dass der Azubi das Lernziel erreicht hat und die bisher vermittelten Unterrichtseinheiten auch verstanden wurden. Am Ende der Ausbildung muss er oder sie sich einer Abschlussprüfung unterziehen. Dazu bringt man das bestenfalls ordentlich geführte Berichtsheft mit. In jenem wird wochen- oder monatsweise notiert, welche Arbeiten im Betrieb übernommen wurden und was man Neues dazugelernt hat. Nur mit einem vollständigen Berichtsheft erfolgt die Prüfungszulassung. Jene besteht aus einem mündlichen und einem schriftlichen Teil und wird von Berufsschullehrern sowie von Beauftragten der Industrie- und Handelskammer abgenommen. Innerhalb weniger Tage erfolgt die Benachrichtigung über das Bestehen der Prüfung. Just ab diesem Moment ist die kaufmännische Ausbildung beendet. Der Azubi gilt nun als ausgelernt und muss dementsprechend vergütet werden.

Breit gefächerte Anforderungen

Entscheiden Sie sich dazu eine kaufmännische Ausbildung zu machen, ist die Lernbandbreite enorm hoch. Ein Automobilkaufmann beispielsweise sollte eine große

Neugierde für technische Belange mitbringen und schickt man eine Bewerbung auf eine Stellenausschreibung für eine Lehre zum Kaufmann für Tourismus und Freizeit, helfen geografische Kenntnisse enorm weiter. Selbstverständlich wird nicht erwartet, dass ein Auszubildender bereits alles weiß, aber ein Interesse an mit dem jeweiligen kaufmännischen Beruf verbundenen Themenfeldern sollte durchaus vorhanden sein. Musische Vorlieben bringen auf die Idee, sich für eine kaufmännische Ausbildung zum Musikalienhändler zu bewerben und wer sich für die Seefahrt begeistert, für den ist die Lehre zum Schifffahrtskaufmann genau das Richtige.

Bei einer Vielzahl von Berufen wird auf den kaufmännischen Aspekt eben soviel Wert gelegt wie auf andere Themenbereiche. Als Beispiel sei hierfür der pharmazeutisch-kaufmännische Angestellte, kurz PKA genannt. Der Volksmund verwendet für diese holprige Berufsbezeichnung das Wort Apothekenhelfer. In der Berufsschule wird neben dem Hauptfach Apotheken- und Warenkunde auch Rechnungswesen, sprich Buchführung unterrichtet. Im Betrieb ist der Azubi also für die Abfüllung der Tees ebenso zuständig wie für das Schreiben der Rechnungen und das Tätigen von Überweisungen. Die täglich mehrfach eingegangenen Medikamentenlieferungen sind sachgerecht zu verbuchen. Darüber hinaus gehört auch ein Verständnis für medizinische Belange zum Berufsbild. Deshalb sind kleinere Aufgaben im Labor zu übernehmen. Unter der Aufsicht eines Apothekers muss der Lehrling Kapseln selbst herstellen oder sich im Anrühren von Salben versuchen. Einen Einsatz im Verkauf sieht der Ausbildungsplan nicht vor. Entscheiden Sie sich also für eine kaufmännische Ausbildung, kommt es nicht in jeder Branche zwangsläufig zum Kundenkontakt.

WELCHE AUSBILDUNG PASST ZU MIR?

Eine passende Ausbildung zu finden ist nicht schwierig, wenn Sie einige Tipps beachten und sich gründlich informieren. Der größte Fehler bei der Ausbildungssuche ist, dass Bewerber eine falsche Vorstellung von den Inhalten und Gehaltsperspektiven der Ausbildung und des späteren Berufs haben. Da ist Unzufriedenheit vorprogrammiert. Zuerst sollten Schulabgänger Informationen sammeln und ihre eigenen Neigungen analysieren. Bin ich eher technisch veranlagt? Möchte ich lieber im Team oder allein arbeiten?

Interessen, Stärken und Fähigkeiten

Zuallererst müssen die Ausbildung und das spätere Berufsleben Spaß machen, und zwar dauerhaft. Die Hälfte aller Ausbildungsplätze entfällt auf nur eine relativ kleine Anzahl an Berufen, zum Beispiel Verkäufer/in oder Bankkaufmann/frau. Diese sind auch am härtesten umkämpft. Andere Berufe wie Metzger/in, Koch/Köching, Spengler/in oder Restaurantfachmann/frau suchen meist händeringend nach Bewerbern. Es lohnt sich also, nicht nur den Ratschlägen von Freunden und Verwandten zu folgen, sondern ganz objektiv zu analysieren, wo die eigenen Stärken und Interessen liegen. Häufig finden Bewerber dann sehr gute Alternativen zum vermeintlichen Traumberuf, die unter Umständen sogar besser bezahlt sind.

Online gibt es zahlreiche Interessens-Tests für Ausbildungen. Diese Tests sind kostenlos und dauern zwischen 10 und 40 Minuten. Auch Gespräche mit Berufsberatungen bringen viel Klarheit. Ein Berater hat einen guten Überblick über die verfügbaren Ausbildungsberufe und kann dabei helfen, basierend auf den eigenen Wünschen und Fähigkeiten den passenden Ausbildungsplatz zu finden.

Ungewöhnliche Ausbildungsberufe - der Geheimtipp?

Berufe wie Hörgeräteakustiker/in oder Polsterer/Polsterin kommen den meisten Schulabgängern gar nicht erst in den Sinn. Diese Berufe können handwerklich, menschlich und technisch sehr interessant und anspruchsvoll sein. Eine Liste aller in Deutschland anerkannten Ausbildungsberufe findet sich beim Bundesinstitut für Berufsbildung, dem BIBB. Anstatt wie so viele Industriemechaniker zu werden und in einen harten Konkurrenzkampf einsteigen zu müssen, lohnt sich ein Blick auf die Ausbildung zum Silberschmied oder einen anderen, eher unbekannten Beruf. So lässt sich leicht eine passende Ausbildung finden.

Auf jeden Fall sollte vor Beginn der Ausbildung ein Praktikum in dem gewünschten Bereich absolviert werden. Auch noch im zweiten oder dritten Jahr brechen viele Berufsschüler ihre Ausbildungen ab, weil sie andere Aufgaben erledigen müssen, als sie erwartet haben. Häufig sind Azubis beispielsweise von der Menge an Mathe überrascht, die sie in technischen Berufen lernen und verstehen müssen. Wer in diesem Bereich nicht fit ist, trifft mit handwerklichen oder künstlerischen Ausbildungen manchmal die bessere Wahl.

Anforderungen an Bewerber

Zu guter Letzt ist es ratsam, sich im Vorhinein über die Anforderungen an den Ausbildungsplatz zu informieren. Sehr spezielle Ausbildungen wie die des Tontechnikers erfordern zahlreiche Praktika oder Berufserfahrung. Nicht wenige Berufsausbildung setzen auch Schulabschlüsse wie die mittlere Reife oder das Abitur voraus.

DIRIGENTEN DES LUFTRAUMS: AUSBILDUNG ZUM FLUGLOTSEN

Ein sehr gut bezahlter Job, ohne den im Flugbetrieb nichts funktioniert: die Ausbildung als Fluglotse ist für viele junge Menschen reizvoll. Wer sie absolviert, wird täglich vor vielseitige und anspruchsvolle Aufgaben gestellt. Die Auszubildenden werden auf einen Beruf vorbereitet, der mit sehr viel Verantwortung verbunden ist.

Berufsbild

Ein Fluglotse überwacht den Luftraum und sorgt somit dafür, dass der Flugbetrieb reibungslos abläuft. Es wird zwischen Tower- und Centerlotsen unterschieden. Centerlotsen überwachen ein bestimmtes Gebiet, um dort Funkkontakt zu sämtlichen Flugzeugen zu halten und sie zu dirigieren. Am Flughafen übernehmen Towerlotsen; sie navigieren die Piloten durch die Start- und Landevorgänge und haben dabei vom Tower aus das Flughafengelände im Blick. Piloten müssen die Anweisungen der Fluglotsen stets befolgen. Von den dabei getroffenen Entscheidungen hängt die Sicherheit der Menschen in den Flugzeugen ab.

Voraussetzungen

Bewerber benötigen das Abitur, vereinzelt haben sie sogar bereits einen Universitätsabschluss. Grundsätzlich gilt eine Altersgrenze von höchstens 24 Jahren. Für die Ausbildung als Fluglotse gelten medizinische Ausschlusskriterien; 100% Sehkraft, einwandfreies Farbsehen und uneingeschränktes Hörvermögen sind Grundvoraussetzungen. Fluglotsen müssen zudem in hohem Maße über Eigenschaften wie Verlässlichkeit, Verantwortungsbewusstsein, Konzentrations- und räumliches Vorstellungsvermögen verfügen. Weiterhin sollten sie sich für technische Dinge interessieren, im Umgang mit Zahlen souverän sein und auch in hektischen Situationen immer die Ruhe und den Überblick behalten. Der Flugbetrieb muss an vielen Orten und jederzeit überwacht werden - in Sachen Arbeitszeiten und -orte ist also Flexibilität gefragt. Nicht zuletzt gilt es zu beachten: Die Luftfahrt ist international, mit den Piloten wird in der Regel auf Englisch kommuniziert. Diese Sprache müssen angehende Fluglotsen schon vor Ausbildungsbeginn nachweislich sehr gut beherrschen.

Interessierte bewerben sich mit Anschreiben, Lebenslauf und Zeugnissen online im Bewerberportal der Deutschen Flugsicherung (DFS). Wer hier einen guten ersten Eindruck macht, durchläuft ein mehrstufiges Auswahlverfahren. Hierbei gibt die DFS im Vorfeld Tipps zur Vorbereitung. Verschiedene Tests zeigen auf, ob der Bewerber die bereits genannten Voraussetzungen erfüllt. Zusätzlich werden Gespräche mit Psychologen und Fluglotsen geführt. Sind auch diese Hürden genommen, erfolgt eine medizinische Untersuchung. Wenn diese erfolgreich verläuft, kann die Ausbildung als Fluglotse begonnen werden.

Ablauf der Ausbildung

Die Ausbildung beginnt mit einem theoretischen Teil. Hier lernen die Auszubildenden, wie Flugzeuge unter Berücksichtigung von Parametern wie Geschwindigkeit und Flughöhe navigiert werden. Zum Ausbildungsprogramm gehört auch eine Einführung in das Luftrecht sowie ein Überblick über Flugzeugtypen und deren Eigenschaften. Weiterhin steht Meteorologie auf dem Stundenplan; genaueste Kenntnisse in den Bereichen Atmosphäre, Wetter und Klima sind elementar für Fluglotsen. Zudem wird die Kommunikation mit Piloten trainiert - hier sind die erwähnten Englischkenntnisse gefragt. Etwa ein Jahr nach Beginn der Ausbildung startet der Praxisteil. Die Auszubildenden arbeiten in einem Kontrollcenter oder einem Tower und lernen mit professioneller Unterstützung die Arbeitsabläufe kennen; sie werden beispielsweise mit der Bedienung der komplexen technischen Systeme vertraut gemacht. Im Laufe des Praxisteils werden verschiedene Lizenzen erworben, die für das Berufsleben qualifizieren.

Das Gehalt ist bereits in der Ausbildung herausragend hoch. Schon im zweiten Lehrjahr liegt der Verdienst bei fast 3000 Euro im Monat. Fertig ausgebildete Fluglotsen können an großen Flughäfen wie Frankfurt mit einem Jahresgehalt von 100.000 Euro rechnen. Für die weitere Karriere gibt es mehrere Möglichkeiten. So ist beispielsweise eine Beschäftigung als Ausbilder, Prüfer oder eine Beteiligung an internationalen Projekten denkbar. Ebenso kann an der Weiterentwicklung technischer Systeme mitgewirkt werden.

WELCHE AUSBILDUNGSBERUFE GIBT ES IM RATHAUS?

Wer von einer Ausbildung im Rathaus spricht, meint damit in der Regel nicht das Gebäude, sondern die Stadtverwaltung, die dort ihren Sitz hat. Im ersten Moment denken die meisten Menschen dabei an Verwaltungstätigkeiten. Natürlich fallen diese zu Genüge an, doch darüber hinaus ist die Liste der Ausbildungsberufe lang.

Was macht den Arbeitgeber Rathaus so interessant?

Neben Heirat, Ummeldungen, Bauangelegenheiten und Sozialfragen sind die Mitarbeiter im Rathaus für Forsttätigkeiten, Kläranlage, Informationstechnik und vieles mehr zuständig. Nicht zu vergessen ist der Bereich Brandschutz und Feuerwehr, denn auch Feuerwehrleute arbeiten für die Stadt. Die Liste der möglichen Jobs ist also sehr vielfältig. Eine Ausbildung im Rathaus hat noch einen weiteren großen Vorteil.

Meistens werden die Ausbildungsstellen bei der Stadtverwaltung bedarfsorientiert ausgeschrieben. Ausgebildet wird in den Bereichen, in denen später tatsächlich Mitarbeiter benötigt werden. Die Chancen einer Übernahme nach dem Ende der Lehrzeit stehen also sehr gut.

Welche Berufe gehören aber nun zu den gängigsten im
Rathaus?

Verwaltungsberufe

Sie sind nicht wegzudiskutieren und nehmen ein breites
Spektrum der verschiedenen Jobs ein. Allen voran ist
Verwaltungsfachangestellte / Verwaltungsfachangestellter
wohl der bekannteste Beruf im Verwaltungsbereich. Die
Arbeit setzt einen freundlichen Umgang mit Menschen
voraus, denn neben der Bearbeitung von Anträgen und
Bescheinigungen gehört auch das Mitteilen von Auskünften
zum Aufgabengebiet. Auch als Stadtsekretäranwärter erfüllt
man verschiedene Aufgaben in der öffentlichen Verwaltung.
Wer viel Verantwortung übernehmen will und
Führungsaufgaben anstrebt, kann ein Studium zum Bachelor
of Laws machen. Weitere Varianten, im Rathaus in der
Verwaltung tätig zu sein, haben Verwaltungswirte und
Kaufleute für Büromanagement.

Sport und Gesundheit

Auch in diesem Bereich gibt es einige Ausbildungsberufe, die
manche Städte anbieten. Sport- und Fitnesskaufleute beraten
Bürger über gesunderhaltende Bewegung. Sie organisieren
themenbezogene Veranstaltungen und bereiten verschiedene
Sportangebote vor. Medizinische Fachangestellte werden im
Gesundheitswesen eingesetzt. Dies kann z.B. die
betriebsärztliche Abteilung sein.

Rund um Technik und Handwerk

Hier sind die Möglichkeiten vielfältig und weit gestreut.
Vermessungstechnik, Veranstaltungstechnik,
Abwassertechnik, Straßenbau oder Kanalbau sind nur einige
der Berufe, die technisches Interesse voraussetzen. Wer
Natur und Pflanzen mag, kann bei der Stadt im Forstbereich,

im Garten- und Landschaftsbau, als Friedhofsgärtner und sogar als Florist eine Ausbildung im Rathaus beginnen.

Medien und IT

Fachangestellte für Medien- und Informationsdienste erfüllen neben Verwaltungsaufgaben auch Aufgaben rund um das Thema neue Medien. Dazu zählen Internet, Tablets, Smartphones und Ebooks. Bei Fachinformatikern steht das Programmieren und Einrichten von Datenbänken im Vordergrund. Mediengestalter entwerfen Flyer, Visitenkarten und andere Drucksachen, die die Stadt als Informationsmaterial für die Bürger bereitstellt. Wer sich für Informations- und Telekommunikationstechnik begeistert, findet im IT-System-Elektroniker den passenden Ausbildungsberuf.

Feuerwehr

Zuletzt sei noch ein wichtiger Berufszweig genannt, den jede Stadt braucht. Wer eine Ausbildung zum Brandmeisteranwärter machen möchte, muss u.a. eine abgeschlossene Berufsausbildung in einem für die Feuerwehr relevanten Bereich vorweisen.

BEAMTENBERUFE IN DER ÜBERSICHT

Wer eine Ausbildung als Beamter anstrebt, kann sich zwischen rund 100 verschiedenen Berufen entscheiden. Mit Beamter ist dabei kein eigenständiger Ausbildungsberuf gemeint. Vielmehr ist es ein Status für die Berufe, die im öffentlichen Dienst gebraucht werden. Dabei unterscheidet man den nichttechnischen Dienst, also Berufe mit dem Fachgebiet Verwaltung und Gesetz, und den technischen Dienst, Berufe rund um Naturwissenschaft, Technik und Handwerk. Welche Laufbahn man einschlägt, hängt vom jeweiligen Bildungsabschluss ab. Die Zeit der Ausbildung nennt man Vorbereitungsdienst- oder zeit.

Einfacher Dienst

Der einfache Dienst ist die niedrigste Laufbahn im öffentlichen Dienst. Um eine Tätigkeit im einfachen Dienst auszuüben, reicht ein Hauptschulabschluss. Der Vorbereitungsdienst dauert 6 Monate. Früher zählten zu dieser Gruppe hauptsächlich Schaffner, Schrankenwärter, Busfahrer und Postboten. Durch die zunehmende Privatisierung von Post, Bus und Bahn fallen diese Beschäftigungen im öffentlichen Dienst immer mehr weg. Eine der wenigen verbliebenen Berufe ist der Justizwachtmeister.

Mittlerer Dienst

Eine Bewerbung für den mittleren Dienst kann einreichen, wer einen Realschulabschluss in der Tasche hat oder den Hauptschulabschluss und eine passende Berufsausbildung vorweisen kann. Die Vorbereitungszeit dauert, je nach Fachrichtung, zwei bis zweieinhalb Jahre. Im nichttechnischen Dienst liegt der Arbeitsbereich oft in der Verwaltung, z.B. in der allgemeinen inneren Verwaltung, bei der Bundesbank, in der Steuerverwaltung oder beim Bundesnachrichtendienst. Berufsfelder im technischen Dienst gibt es unter anderem bei der Feuerwehr und der Bundeswehr.

Gehobener Dienst

Die Ausbildung als Beamter im gehobenen Dienst setzt mindestens die Fachhochschulreife voraus, viele Bewerber haben jedoch die allgemeine Hochschulreife. Wer den nichttechnischen Dienst anstrebt, durchläuft zunächst ein dreijähriges Studium in einer Fachhochschule für öffentliche Verwaltung. Die Liste der möglichen Berufsfelder ist lang und reicht von Jobs im Finanzwesen über Berufe in der Landes- oder Kommunalverwaltung. Der gehobene technische Dienst setzt bis auf wenige Ausnahmen einen Bachelorstudiengang im technischen Bereich voraus. Auch hier gibt es ein weites

Berufsfeld. Tätigkeiten liegen beispielsweise im Feuerwehrtechnischen Dienst, im Vermessungstechnischen Dienst, beim Luftfahrt-Bundesamt oder beim Bundesamt für Bauwesen und Raumordnung.

Höherer Dienst

Der höhere Dienst als Beamter ist nur möglich, wenn man ein abgeschlossenes Studium an einer Universität vorweisen kann. Beamte im höheren Dienst nehmen leitende Stellungen in verschiedenen Bereichen ein. Die Aufgaben liegen im Gesellschafts-, Sozial- oder Kulturwesen. Auch in Auslandsvertretungen, z.B. in Botschaften oder Konsulaten, kommen sie zum Einsatz. Leitende Funktionen in Bundesbehörden, bei der Bundesanstalt für Arbeit und bei der Bundesbank werden von Beamten im höheren Dienst übernommen. Die in der Regel zweijährige Ausbildung findet in Form eines Referendariates statt.

VIELE EINSATZGEBIETE BEIM ZOLL

Nach einer Ausbildung als Zollbeamter bieten sich viele Einsatzgebiete. Sie reichen vom Innendienst über den Zoll am Flughafen bis hin zum Zoll auf dem Boot. Für letzteres ist allerdings ein nautisches Patent Voraussetzung.

Allgemeine Voraussetzungen für die Ausbildung als Zollbeamter

Um eine Ausbildung als Zollbeamter machen zu können, muss man deutscher Staatsbürger sein oder die eines EU-Mitgliedstaates besitzen. Darüber hinaus können sich Staatsbürger aus Norwegen, Liechtenstein und Island für die Zollausbildung bewerben.

Es werden aber weitere Voraussetzungen gestellt. Für den Beruf als Zollbeamter muss man körperlich fit sein. Deswegen muss das Deutsche Sportabzeichen mindestens in Bronze bis zum 15. Juni des Einstellungsjahres für die Ausbildung im mittleren Dienst vorgelegt werden. Es darf nicht älter als 12 Monate sein. Weiter darf man nicht vorbestraft sein und muss in geordneten wirtschaftlichen Verhältnissen leben. Ebenso muss man bereit sein, eine Waffe zu tragen, und die Arbeit im Schichtdienst inklusive Wochenenden und Feiertage akzeptieren.

Ein weiteres Kriterium für die Ausbildung ist das äußere Erscheinungsbild. Das betrifft das Tragen aller Arten von Körperschmuck. Wird dieser an sichtbaren Körperstellen getragen, wie Kopf, Hals, Arme und Hände, kann dieses ein Hinderungsgrund für die Einstellung sein.

Bildungsabschluss als Voraussetzung

Welche Laufbahn bzw. Karriere beim Zoll eingeschlagen werden kann, ist vom höchsten Bildungsabschluss abhängig.

Für die Ausbildung als Zollbeamter im mittleren Dienst braucht man mindestens einen Realschul- oder einen gleichwertigen Bildungsabschluss, der in Deutschland anerkannt wird. Um mit einem Hauptschulabschluss die Ausbildung beginnen zu können, muss zusätzlich eine abgeschlossene Berufsausbildung im Steuer- oder Rechtsanwaltsbereich oder in einem kaufmännischen Beruf nachgewiesen werden.

Für eine Bewerbung im gehobenen Dienst ist das Abitur, eine vollständige Fachhochschulreife oder ein gleichwertiger Bildungsabschluss Voraussetzung.

Das Bruttogehalt während Ausbildung beträgt knapp über 1.000 Euro pro Monat.

Die Ausbildung dauert zwei Jahre und gliedert sich in einen Unterrichts- und einen praktischen Teil. Vor Beginn des Unterrichts findet ein einwöchiges Einführungspraktikum statt.

Der sechsmonatige Einführungslehrgang beginnt nach dem Einführungspraktikum an einem der Ausbildungsstätten des Bildungs- und Wissenschaftszentrums der Bundesfinanzverwaltung (BWZ). Standorte des BWZ sind Plessow bei Potsdam, Rostock oder Sigmaringen. In einer Klasse mit 25 bis 30 Auszubildenden werden verschiedene Fächer unterrichtet. Dazu gehören Informationstechnik und Rechtslehre in den Bereichen Vollzug, Zolltarif, Verbrauchsteuer und Vollstreckung sowie im Straf-, Sozialversicherungs- und Ausländerrecht. Weiter steht Recht des grenzüberschreitenden Warenverkehrs, allgemeines Steuerrecht und eine berufliche Grundbildung auf dem Stundenplan. Den Abschluss des Einführungslehrgangs bildet die Zwischenprüfung, welche aus vier schriftlichen Klausuren besteht.

Nach dem Einführungslehrgang folgt eine 12-monatige praktische Ausbildung. Sie findet an den Zolldienststellen des Ausbildungshauptzollamtes des Auszubildenden statt. Neben dem Kennenlernen der allgemeinen Aufgaben der Zollverwaltung, wird man auch in typische Geschäftsvorgänge eingebunden. Im Rahmen dieser selbstständigen Bearbeitung von Sachverhalten soll das erlernte Fachwissen gleich praxisnah angewendet werden. Neben der konkreten Ausbildung vor Ort finden praxisbezogene Lehrveranstaltungen am BWZ statt. Sie dienen der weiteren Verknüpfung von Praxiserfahrung und Fachwissen. Diese Lehrveranstaltungen schließen mit einer Klausur ab.

Nach dem Jahr in der Praxis findet der Abschlusslehrgang statt, der das rechtliche Wissen weiter vertieft. In diesen letzten sechs Monaten der Ausbildung als Zollbeamter wird auch ein Sporttest durchgeführt. Er ist eine Voraussetzung für Tätigkeitsbereiche beim Zoll, bei denen eine Waffe getragen wird. Das Ende des Abschlusslehrgangs bildet die Laufbahnprüfung mit vier schriftlichen Prüfungsarbeiten und einer mündlichen Prüfung.

Verlauf der Ausbildung für den gehobenen Dienst

Für die Ausbildung als Zollbeamter im gehobenen Dienst muss der Diplomstudiengang Gehobener nichttechnischer Zolldienst des Bundes absolviert werden. Diese duale Ausbildung dauert drei Jahre. Ein Teil des Unterrichts wird in Englisch gehalten. Ausbildungsort des dualen Studiums ist die Hochschule des Bundes am Bildungs- und Wissenschaftszentrum (BWZ) in Münster. Die praktische Ausbildung findet an den Dienststellen des Ausbildungshauptzollamtes des Zollanwärters statt. Mit erfolgreichem Studienabschluss erhält man den akademische Grad Diplom-Finanzwirt (FH).

Am Anfang der Ausbildung steht das sechsmonatige Grundstudium. Auf den Stundenplan stehen Fächer wie staatsrechtliche und -staatspolitische, volks- und finanzwirtschaftliche sowie sozialwissenschaftliche Grundlagen aus den Gebieten Pädagogik, Soziologie und Psychologie. Abgeschlossen wird das Grundstudium mit einer Zwischenprüfung, die aus vier Klausuren besteht.

Nach dem Grundstudium folgt die fünfmonatige Praktikumsphase. Sie besteht aus drei Praktika, in denen typische Geschäftsvorgänge bearbeitet werden. Außerdem lernt man die Aufgaben und Abläufe der Verwaltung kennen. In dieser Phase des Studiums finden aber auch praxisbezogene Lehrveranstaltungen an den Standorten des BWZ statt, die mit einer Klausur abgeschlossen werden.

Das zwölfmonatige Hauptstudium umfasst drei Studienabschnitte, die von zwei weiteren Praktika unterbrochen werden. Zu den Schwerpunktthemen des Hauptstudiums zählen allgemeines Steuer-, allgemeines und besonderes Zollrecht, Recht der sozialen Sicherung und Rechnungswesen der öffentlichen Verwaltung sowie Verbrauchsteuer- und Verkehrssteuerrecht. Zudem werden die Fächer Betriebswirtschaftslehre und Managementlehre unterrichtet. Wahlpflichtfächer wie Kontrolle, Abfertigung oder E-Government ergänzen den Fächerkanon. Am Ende des Hauptstudiums ist eine Hausarbeit zu schreiben. Zudem sind mehrere Klausuren abzulegen.

Mit der Laufbahnprüfung wird die Ausbildung als Zollbeamter abgeschlossen. Sie besteht aus sechs Klausuren und einer mündlichen Prüfung.

Nach Abschluss der Ausbildung

Wird die Ausbildung erfolgreich abgeschlossen, erfolgt in der Regel eine Übernahme in den Dienst als Zollbeamter, und man kommt in den Genuss aller Vorteile eines Beamten, so beispielsweise bei der Rentenversicherung. Auch gilt dann der Kündigungsschutz. Die Bezahlung richtet sich nach den Bezügen für Beamte.

WELCHE BERUFE IM HANDWERK GIBT ES?

Der Schulabschluss steht bevor, doch wie findet man in der langen Liste der Handwerksberufe eine Ausbildung, die wirklich zu einem passt? Aktuell gibt es mehr als 130 Ausbildungsberufe im Handwerk in Deutschland. Welche Anforderungen sollte man erfüllen, um im Handwerk zu arbeiten?

Im Handwerk herrscht an vielen Stellen Nachwuchsmangel. Oft reicht schon ein Hauptschulabschluss, um sich in der Branche erfolgreich zu bewerben. In einigen Jobs mit schwierigen technischen Anforderungen, beispielsweise dem Kraftfahrzeugmechatroniker, bevorzugen die Betriebe Absolventen mit mittlerer Reife oder sogar Abitur. Was außer dem Schulabschluss zu einem guten Handwerker gehört, kommt individuell auf den Job an. Natürlich muss ein Handwerker mit den Händen arbeiten, wer dabei jedoch nur an schwere körperliche Arbeit denkt, liegt falsch. Als Goldschmied oder Uhrmacher braucht man eine ruhige Hand, die Arbeiten sind sehr filigran. Bildhauer und Maßschneider sind meist kreative Köpfe, ein Verkäufer muss den Umgang mit Menschen mögen. Wer im Baugewerbe arbeitet, sollte tatsächlich körperlich ausreichend fit sein.

Beliebte Handwerksberufe

Auf der Liste der beliebtesten Ausbildungsberufe im Handwerk gehören bei den Männer Kraftfahrzeugmechatroniker, Elektroniker und Anlagenmechaniker dazu. Auch Dachdecker, Maurer und Tischler sind begehrte Berufe. Immer wieder ganz vorne bei den Frauen ist die Friseurin. Dahinter sind Ausbildungen im Lebensmittelbereich wie Bäckerin, Konditorin und Fachverkäuferin im Lebensmittelhandwerk favorisiert. Viele Frauen wollen auch Hörgeräteakustikerin und Zahntechnikerin werden. Eher unbeliebt sind übrigens die Berufe Fleischereifachverkäufer, Dachdecker und Metzger.

Vorteile im Handwerk

Wer im Handwerk arbeitet, hat viele Vorteile. Die Ausbildungen finden oft in kleinen oder mittleren Unternehmen statt. Der Auszubildende ist nicht einer unter vielen Arbeitern, oft ist das Klima viel persönlicher. Auch für die Zukunft sieht es gut aus. Natürlich ist ein Handwerker nicht gänzlich gefeit vor Arbeitslosigkeit, jedoch werden gute Handwerker fast immer gesucht. Nicht Zuletzt erweitert man seine persönlichen Fähigkeiten, viele kann man auch im privaten Bereich nutzen. Wer geschickt Kopf und Hände kombinieren kann, ist in Haus und Garten nicht gleich aufgeschmissen, wenn kleine Arbeiten anstehen.

Vom Azubi zum Ausbilder

Natürlich gibt es in der Branche zahlreiche Versionen der Weiterbildung. Gerade im Handwerk gelingt der Schritt in die Selbstständigkeit besonders häufig. Als Handwerksmeister kann man sogar selber ausbilden. In Fortbildungen besteht die Möglichkeit, sich auf spezielle Techniken zu spezialisieren, fachübergreifende Qualifikationen zu erlangen oder neue Technologiefelder zu erlernen. Bleibt man als Handwerker up to date, sind die Verdienstmöglichkeiten sehr gut. Es lohnt sich also, die verschiedenen Handwerksberufe nach einer Ausbildung, die einem Spaß macht, durchzuschauen.

TIERBERUFE: AUSBILDUNGEN FÜR TIERFREUNDE

Wer Tiere liebt und gerne praktisch tätig ist, kann mit einem der zahlreichen Tierberufe eine Ausbildung machen, bei der das Hobby zum Lebensschwerpunkt wird. Auch wenn die meisten vermutlich bei Berufen mit Tieren zunächst an Tierpfleger und Tierarzthelfer denken, ist dieses Berufsfeld außerordentlich vielfältig. Zwischen Nutztieren, Haustieren und sogar Exoten finden auch Individualisten eine passende Ausbildung.

Ausbildungsberufe rund um Haustiere

Der beliebteste Beruf im Zusammenhang mit Haustieren ist der des Tierarzthelfers (offiziell als tiermedizinischer Fachangesteller bezeichnet). Wer sich dafür entscheidet, sollte sich allerdings im Klaren darüber sein, dass diese abwechslungsreiche Tätigkeit nichts für sensible Menschen ist. Zu den Herausforderungen des Berufs zählt beispielsweise die Assistenz bei chirurgischen Eingriffen, und auch die Begleitung von Haustieren und deren Haltern bei Einschläferungen ist nicht selten. Darüber hinaus sind weitgefächerte Fachkenntnisse erforderlich, da in Tierarztpraxen nicht nur Hunde und Katzen behandelt werden, sondern auch Vögel, Nagetiere und manchmal sogar Reptilien.

Auch bei einer Ausbildung als Tierpfleger in einem Tierheim oder einem Zoo besteht der Job nicht nur darin, Tiere zu füttern und zu streicheln. Neben der Reinigung der Gehege kann auch Geburtshilfe und medizinische Betreuung bei Erkrankungen notwendig werden. Außerdem fallen sowohl bei dem Beruf des Tierpflegers als auch bei dem des medizinischen Fachangestellten, wie die offizielle Bezeichnung von Tierarzthelfern lautet, verschiedene Verwaltungstätigkeiten an, weshalb für diese Tierberufe die Ausbildung einen Realschulabschluss erfordert. Viele Tierheime bieten Schülerpraktika an, so dass Interessierte schon frühzeitig ausprobieren können, ob der Beruf für sie geeignet ist.

Ausbildungen rund um die Nutztierhaltung

Pferdefachwirte bewegen sich im Übergangsbereich von Haustier- und Nutztierhaltung, wobei der Schwerpunkt vom jeweiligen Betrieb abhängt. Pferdewirte versorgen nicht nur die Tiere und säubern deren Stallungen, sondern bilden sie und ihre Reiter auch aus. Auch Kenntnisse im Bereich Gesundheitsvorsorge sind erforderlich. Für Pferdefreunde mit handwerklichem Talent bietet sich bei Interesse für Tierberufe eine Ausbildung als Hufschmied an. Dieser versorgt die Tiere stets mit individuell angepassten Hufeisen und kümmert sich überdies um die Hufpflege.

Der traditionsreichste Beruf rund um die Tierhaltung ist der des Tierwirts, der sich auf die Nutztierhaltung spezialisiert. Er ist ebenso für die gesunde Haltung der Tiere wie für den wirtschaftlichen Erfolg des Betriebs verantwortlich. Deshalb werden von ihm umfangreiche Kenntnisse verlangt, die von der Fütterung über die Buchhaltung bis hin zu dem technischen Wissen reichen, die für den Betrieb von Melkanlagen und Ähnlichem notwendig sind. Mögliche Fachrichtungen sind die Rinder-, Schweine- oder Geflügelhaltung, Imkerei oder Schäferei.

Ein eher unbekannter Tierberuf ist der des Fischwirts. Das Berufsbild reicht vom klassischen Fischfang sowohl in Binnengewässern aus auch auf der Hochsee über Fischhaltung und Fischzucht bis hin zur Verarbeitung der Fische zu hochwertigen Lebensmitteln. Ein besonderer zukunftsträchtiger Zweig, auf den sich Fischwirte bereits während der Ausbildung spezialisieren können, ist die moderne Aquakultur.

FÜR EHRGEIZIGE AZUBIS: DIE AUSBILDUNG ALS HANDELSFACHWIRT

Wer für seine Karriere schon früh große Sprünge geplant hat, kann über eine Ausbildung als Handelsfachwirt nachdenken. Dieser auch als Abiturientenprogramm bekannte Weg wird entweder während oder nach einer kaufmännischen Ausbildung im Einzelhandel absolviert und qualifiziert für Berufe in verantwortungsvollen Positionen.

Voraussetzungen

Für die Ausbildung als Handelsfachwirt wird das Abitur oder Fachabitur benötigt. Sehr wichtig sind dabei die Abschlussnoten in den Hauptfächern Deutsch, Mathe und Englisch, denn die Ausbildung baut inhaltlich genau auf diesen Themenfeldern auf. Wer also in diesen Fächern nie große Probleme hatte, erfüllt schon einmal elementare

Kriterien. Zudem sollten potenzielle Azubis zum Handelsfachwirt über eine hohe Lernbereitschaft verfügen, denn sie werden sich in relativ kurzer Zeit sehr viel Wissen aneignen müssen.

Gerade wenn die Qualifizierung zum Handelsfachwirt parallel zur normalen kaufmännichen Ausbildung erfolgt, muss mit einer nicht unerheblichen Doppelbelastung gerechnet werden. Eine geringe Belastbarkeit kann also ein Auschlusskriterium darstellen. Auch wem die Arbeit Computern schwerfällt, wer nie gut im Rechnen war oder wer nur ungern Verantwortung übernimmt, sollte sich eher nach anderen Wegen umsehen beziehungsweise ganz auf die kaufmännische Ausbildung konzentrieren.

Ablauf

Die Ausbildung erstreckt sich über drei Jahre und besteht aus einem schulischen und einem betrieblichen Teil. Für die inhaltlich breit gefächerte Theorie wird ein sogenanntes Bildungszentrum besucht. Hier stehen Fächer wie Marketing, Verkauf, Rechnungswesen, Warenwirtschaft, Geschäftsprozesse sowie Wirtschafts- und Sozialkunde auf dem Programm. Im weiteren Verlauf erfolgen dann intensive Schulungen mit konkretem Bezug zu einer späteren Tätigkeit in leitender Position. Hierbei geht es unter anderem um die Themen Unternehmensführung und -steuerung, Personalmanagement und Kommunikation.

Der praktische Ausbildungteil wird im Betrieb absolviert. Hierbei durchlaufen die Azubis in der Regel mehrere Unternehmensbereiche. Auch Besuche von Niederlassungen im Ausland sind möglich. Grundsätzlich wird bei diesen Tätigkeiten bereits mehr Verantwortung übernommen als bei einer einfachen dualen Berufsausbildung. Die Ausbildung als Handelsfachwirt wird selbstverständlich vergütet; der Verdienst liegt zwischen 600 und 900 Euro im ersten und zwischen 800-1800 Euro im dritten Jahr. Nach der Lehrzeit haben Absolventen dann zwei Abschlüsse in der Tasche: Sie sind Kaufmänner beziehungsweise -frauen und zusätzlich Handelsfachwirte.

Nach der Ausbildung

Handelsfachwirte sind Experten auf ihrem Gebiet. Sie sind souverän in Verkaufsgesprächen und Verhandlungen, sie können Marketingkonzepte entwerfen, sind im Umgang mit Mitarbeitern gut geschult und sind fähig, einen Betrieb durch das Erstellen von Personal- und Dienstplänen umfassend zu organisieren. Der Berufseinstieg erfolgt deshalb in der Regel bereits auf der mittleren Führungsebene. Mit Berufspraxis und Weiterbildung kann dann schon früh der nächste Schritt auf der Karriereleiter folgen.

LEHRSTELLE AB SOFORT GESUCHT

Schulabgänger, die ihren Abschluss bereits in der Tasche haben und ihre Ausbildung ab sofort beginnen können, informieren sich am besten mehrgleisig über ihre Möglichkeiten. Über die in ihrem Wohnort gemeldeten offenen Arbeitsstellen gibt die Agentur für Arbeit Auskunft. Manche Betriebe melden freie Lehrstellen aber nur der für sie zuständigen Kammer. Wer sich beispielsweise für eine Bäckerlehre oder eine Ausbildung zum Tischler interessiert, sollte sich daher zusätzlich an die örtliche Handwerkskammer wenden. Eine dritte Möglichkeit, sich schnell einen Überblick über das aktuelle Angebot an Lehrstellen zu verschaffen, sind Online-Stellenbörsen.

Offene Lehrstellen in allen Bereichen

In den meisten Betrieben beginnt das Ausbildungsjahr im Juli oder August eines Jahres. Der genaue Zeitpunkt ist abhängig vom Schuljahresende des jeweiligen Bundeslandes. Gesetzlich gibt es keine Regelung, die vorschreibt, wann ein Azubi seine Lehre beginnen muss. Die duale Ausbildung sieht neben der

Lehre im Betrieb allerdings den Besuch einer Berufsschule vor. Ein verzögerter Ausbildungsbeginn sollte also im Vorfeld mit der Fachschule abgestimmt werden. Eine Aufgabe, die für gewöhnlich der Ausbildungsbetrieb übernimmt.

Es gibt außerdem einige Branchen, in denen zum Beginn des Ausbildungsjahres längst nicht alle Lehrstellen besetzt sind. Sie sind für Schulabgänger, die ihre Ausbildung ab sofort beginnen wollen, besonders interessant. Zu ihnen gehört beispielsweise die Gastronomie oder das Lebensmittelhandwerk. Angehende Köche, Fleischer und Konditoren werden oft das ganze Jahr über gesucht. Viele Ausbildungsbetriebe beklagen sich darüber, dass zahlreiche Bewerber grundlegende Anforderungen nicht erfüllen können. Wer spät auf Lehrstellensuche geht, hat daher durchaus Chancen auf einen Ausbildungsvertrag.

So funktioniert die Stellenbörse

Vorausgesetzt, er bringt gute Noten und die entsprechenden Umgangsformen mit. Zunächst aber gilt es, unter den vielen möglichen Ausbildungen die richtige zu finden. Neben der persönlichen Berufsberatung sind auch Online-Ausbildungsportale eine gute Anlaufstelle. Nutzer, die noch gar keine Vorstellung von ihrem zukünftigen Beruf haben, können hier mittels Checklisten und Fragebögen herausfinden, welche Tätigkeit besonders gut zu ihnen passt. Die einzelnen Berufsbilder können sie anschließend im Detail betrachten. Neben einer Beschreibung der Ausbildungsinhalte informieren Stellenbörsen auch über die Dauer der Lehrzeit und die Ausbildungsvergütung.

Auch die Voraussetzungen, die ein Bewerber mitbringen muss, sind ausführlich beschrieben. Während Abiturienten freie Wahl haben, sind Realschülern und Hauptschulabsolventen gewisse Grenzen bei der Entscheidung für einen Ausbildungsberuf gesetzt. Hier empfiehlt es sich, die offenen Ausbildungsplätze nach dem benötigten Schulabschluss zu filtern. Ist ein passendes Berufsbild gefunden, können sich Nutzer mit einem Klick die Stellen zeigen lassen, für die ab sofort Azubis gesucht werden und sich mit dem Ausbildungsbetrieb in Verbindung setzen.

DER ERSTE SCHRITT ZUM TRAUMJOB: DIE AUSBILDUNGSVERMITTLUNG

Viele Schulabgänger stellen sich die Frage: Wie finde ich die richtige Ausbildung?. Wer hier noch auf der Suche ist, kann durch die Ausbildungsvermittlung deutschlandweit professionelle Hilfe bekommen. Hierzulande übernehmen in den meisten Fällen Arbeitsagenturen und Jobcenter diese Aufgabe.

Zuständigkeit

Berufsberatung, Arbeits- und Ausbildungsvermittlung sind im Sozialgesetzbuch (SGB) zwar unter einem gemeinsamen Oberbegriff zusammengefasst, die Arbeits- und Ausbildungsvermittlung wird durch den Gesetzestext dennoch getrennt.Meist erfolgt die Vermittlung bei der Agentur für Arbeit. Wer während der Suche nach einer Ausbildung allerdings Hartz IV bezieht, muss sich in manchen Fällen an das Jobcenter wenden. Die Vermittlungsgespräche übernehmen Berufsberater. Gemeinsam werden dabei anhand von Stärken, Schwächen und Interessen passende Berufsfelder, im nächsten Schritt auch passende Ausbildungsplätze eingegrenzt.

In letzter Zeit stehen sogenannte Jugendberufsagenturen verstärkt im Fokus. Diese werden eingerichtet, um alle Informationen und Hilfen für junge Menschen auf der Suche nach einer Ausbildung bündeln zu können. Das seit Jahren erfolgreich betriebene Hamburger Modell gilt hierbei als ein Vorbild; hier beraten Mitarbeiter der Arbeitsagenturen, Jobcenter und Jugendämter gemeinsam. Das Ziel ist ein hohes Maß an Transparenz auf dem Ausbildungsmarkt. Gestaltung und Zielgruppe der Jugendberufsagenturen sind nicht einheitlich vorgeschrieben, sondern richten sich vor Ort individuell nach den jeweiligen lokalen Gegebenheiten.

Berufsinformationszentrum

Das Berufsinformationszentrum (BiZ) ist in jeder Agentur für Arbeit eingerichtet und wendet sich in erster Linie an Jugendliche, die sich im Prozess der Berufswahl befinden. Auch Erwachsene, die nach Hilfe und Orientierung im Job suchen, können sich an das BiZ wenden. Zahlreiche Infomappen, Online-Medien sowie Broschüren und Flyer zum Mitnehmen bieten die Möglichkeit, sich kostenlos, selbstständig und ohne vorherige Anmeldung umfassend zu informieren. Dies betrifft insbesondere die Berufswahl allgemein sowie Informationen zu verschiedenen Berufsfeldern unter Berücksichtigung der aktuellen Entwicklung des Arbeitsmarktes. Weiterhin werden Hinweise für eine erfolgreiche Bewerbung gegeben. An den zur Verfügung stehenden PCs können mithilfe von Vorlagen professionelle Bewerbungsunterlagen erstellt werden. Außerdem gibt das BiZ Termine für Veranstaltungen bekannt. Dazu gehören sogenannte Azubi-Speed-Datings, im Rahmen derer sich Jugendliche ohne Ausbildungsplatz in einem kurzen Gespräch bei Vertretern von Unternehmen vorstellen können. Das BiZ ist auch im Internet mit einigem Material präsent.

Weitere Möglichkeiten

Die Ausbildungsvermittlung wird zu einem sehr großen Teil von Arbeitsagenturen und Jobcentern erbracht. Es existiert eine Reihe von private Agenturen, die gegen Bezahlung ebenfalls Beratungen anbieten. Ihre Rolle ist jedoch von keiner großen Bedeutung. Im Internet gibt es bei Berufenet oder planet-beruf.de, beides Angebote der Bundesagentur für Arbeit, eine umfassende Übersicht zur Vielfalt der

Ausbildungsberufe in Deutschland sowie Tipps zur Wahl der passenden Ausbildung und zur Bewerbung.

BERUFSORIENTIERUNG DURCH AUSBILDUNGSPORTALE

Ausbildungsportale verschaffen jungen Menschen einen Überblick über die beruflichen Möglichkeiten nach dem Schulabschluss. Studium, Ausbildung oder duales Studium, eher ein kaufmännischer Beruf oder doch ein Handwerk - das Angebot ist groß und für viele verwirrend.

Hilfe bei der Berufswahl

Ausbildungsportale helfen auf verschiedene Arten, den richtigen Beruf zu finden. Einen Überblick über die unterschiedlichen Ausbildungsberufe gibt es auf fast allen Portalen. Dabei wird immer über den geforderten Voraussetzungen, die Ausbildungsinhalte und den Verdienst informiert. Zusätzlich gibt es auf einigen Portalen Fotos und kurze Videos zu den Berufen.

Wer noch gar keine Ahnung hat, in welche Richtung es gehen soll, kann auf einigen Portalen einen Fragebogen zu Interessen und Fähigkeiten ausfüllen. Aufgrund der Angaben werden nach der Auswertung Berufe vorgeschlagen.

Auf manchen Portalen findet man Blogs oder Interviews mit Auszubildenden, die über ihre Lehrzeit berichten.

Übersicht über Praktikums- und Ausbildungsplätze

Hat man seinen Wunschberuf gefunden, geht die Suche nach einem Ausbildungsplatz los. Ausbildungsportale zeigen oft bundesweit verfügbare Plätze in einem bestimmten Beruf an. Andersherum bieten Sie auch eine Übersicht aller Ausbildungsberufe in einem beschränkten Umkreis. Auch wer bisher nur eine grobe Ahnung hat, was er später machen möchte, erhält Hilfe. Einige Portale bieten beispielsweise eine Übersicht aller freien Lehrstellen in einer bestimmten Branche an.

Viele Portale informieren nicht nur über freie Ausbildungs- sondern auch über freie Praktikumsplätze. Ebenso sind Arbeitgeber für ein duales Studium aufgeführt.

Tipps für die Bewerbung

Hat man einige freie Ausbildungsstellen gefunden hat, geht es ans Schreiben der Bewerbungen. Die schriftliche Bewerbung verschafft dem potentiellen Arbeitgeber den wichtigen ersten Eindruck und sollte darum möglichst perfekt sein. Auf nahezu allen Ausbildungsportalen erhält man die dazu nötigen Informationen. Punkte wie Lebenslauf, Deckblatt, Anschreiben und Bewerbungsfoto werden ausgiebig erklärt. Auch die formellen Normen werden thematisiert. Oft findet man verschiedene Beispiel- Bewerbungen.

Heutzutage sind Online-Bewerbungen keine Seltenheit mehr. Eine Bewerbung per E-Mail ist ähnlich aufgebaut, wie die Papiervariante. Dennoch gilt es, einige Besonderheiten zu beachten. Auch darüber klären Ausbildungsportale häufig auf.

Vorbereitung auf das Vorstellunggespräch

Ist auch diese Hürde erfolgreich gemeistert, kommt idealerweise die Einladung zum Vorstellungsgespräch. Auf den Portalen erfährt man, wie man sich bestmöglich auf das wichtige Gespräch vorbereitet. Was sollte man vorab recherchieren, wie ist der Ablauf in so einem Gespräch, wie kleidet man sich passend, was sind absolute Tabus?

Manche Firmen führen, bevor es im besten Fall zum Vorstellungsgespräch kommt, noch einen Einstellungstest durch. Dies können Persönlichkeits-, Leistungs- oder Wissenstests sein, die in Papierform oder Online bearbeitet werden. Auch dazu findet man auf einigen Ausbildungsportalen Informationen.

WENN SICH DIE AUSBILDUNG GEN ENDE NEIGT

Das Ausbildungsende stellt Azubis vor viele Herausforderungen. Eine der wichtigsten und gleichzeitig größten Aufgaben, die es noch zu bewältigen gilt, ist die Abschlussprüfung. Sie alleine entscheidet darüber, ob die Lehrzeit erfolgreich war. Die Prüfung hat sowohl einen schriftlichen wie auch einen mündlichen, sprich praktischen Part. Die Prüfungsfächer sind von der Art der Ausbildung abhängig. Wer im Büro arbeitet, muss beispielsweise sein Können in Rechnungswesen unter Beweis stellen, Arzthelfer haben medizinische Fachfragen zu beantworten und angehende Hotelfachangestellte werden zu gastronomischen Aspekten wie dem Mischungsverhältnis verschiedener Cocktails oder zum Buchungssystem an der Rezeption befragt. Daneben zählen auch abhängig vom Ausbildungskerngebiet Deutsch, Sozialkunde, berufsbezogenes Englisch, Warenkunde oder Buchführung zu den Prüfungsfächern. Die mündliche beziehungsweise praktische Prüfung erfolgt anschließend ausschließlich im Hauptfach. Kundengespräche werden simuliert und die Erklärung unterschiedlicher Gerätschaften oder Werkzeuge steht auf dem Plan. Köche haben ein Menü zu kredenzen und Friseuren wird aufgetragen, ein Gesellenstück am lebenden Probanden vorzunehmen.

Prüfungszulassung

Wenn das Ausbildungsende bevorsteht, müssen Sie sich als Azubi allumfassend auf die Prüfung vorbereiten. Dazu gehört nicht nur das Lernen. Wer vernünftig und vorausschauend ist, führt das Berichtsheft ohnehin regelmäßig. Alle anderen sollten spätestens jetzt mit den Eintragungen beginnen. Jede Berichtsheftnotiz ist vom Arbeitgeber zu unterschreiben. Des weiteren haben die Einträge vollständig, wahrheitsgemäß und in ansprechender Schrift und Form zu geschehen. Ist der Prüfungstag gekommen, muss den Prüfern das Berichtsheft vorgelegt werden. Andernfalls erfolgt keine Zulassung und man muss unverrichteter Dinge nach Hause gehen. Noch eines gilt es zu bedenken: Wurde in den drei Jahren übermäßig viel Unterricht versäumt, können die Prüfer darüber befinden, ob man überhaupt fähig ist die Abschlussarbeit ordnungsgemäß abzulegen. Blaumachen ist also keine Option, wollen Sie Ihren Ausbildungserfolg nicht gefährden.

Nach der bestandenen Prüfung

Ob die Abschlussarbeiten gut genug waren, erfährt man unmittelbar nach der mündlichen Prüfung. Die genau Note wird erst nach einigen Tagen bekannt gegeben. Haben Sie die Aufgabenstellungen erfolgreich absolviert, händigt Ihnen der Prüfer eine Bestätigung für den Arbeitgeber aus. Diese hat man noch am gleichen Tag im Betrieb abzugeben. Denn mit Erhalt jenes Blatts ist der Lehrling zum Gesellen beziehungsweise zum fertig ausgebildeten Metzger, Maler, Pfleger, Versicherungs- oder Einzelhandelskaufmann aufgestiegen. Dementsprechend muss er oder sie nun natürlich entlohnt werden. Wenn der Betrieb den ehemaligen Azubi übernehmen möchte, hat er ihm in diesem Moment einen neuen Vertrag vorzulegen. Kommt es zu keiner weiteren Zusammenarbeit, muss der Ex-Lehrling spätestens jetzt auf Stellensuche gehen und Bewerbungen schreiben. Das Ausbildungsende bringt also viele Veränderungen mit sich, die positivste darunter ist selbstverständlich der nun deutlich höhere Lohn.

AUSBILDUNG: REGULÄRE DAUER UND VERKÜRZUNGSMÖGLICHKEITEN

Die Ausbildungsdauer staatlich anerkannter Ausbildungsberufe ist in Deutschland im Berufsbildungsgesetz sowie in der Handwerksordnung geregelt. Nach diesen Vorschriften soll eine Ausbildung mindestens zwei, aber nicht mehr als drei Jahre dauern. Nun sind Lehrjahre bekanntlich keine Herrenjahre, und mancher Auszubildende hat Interesse daran, schnell das finanzielle Niveau der Ausbildungsvergütung zu verlassen und richtiges Gehalt zu beziehen. Auch der Ausbildungsbetrieb ist froh, wenn er seinen neuen Mitarbeiter möglichst bald im Job einsetzen kann. Diesen Wünschen stehen immer komplexere Ausbildungsinhalte in hoch spezialisierten Berufen gegenüber, die sich in drei Jahren möglicherweise nur unzureichend vermitteln lassen. Welche Ausbildungsdauer ist also sinnvoll, welche Verkürzungen erfolgversprechend im Hinblick auf die Abschlussprüfung?

Dreieinhalbjährige Ausbildungen in der Erprobungsphase

Wer das Berufsbildungsgesetz und die Handwerksordnung richtig liest, stellt fest, dass es sich bei den Regelungen zur Ausbildungsdauer um Soll-Vorschriften handelt. Sie existieren schon seit 1969 und wurden unverändert in das heute gültige Recht übernommen. In begründeten Ausnahmefällen darf man davon abweichen. In bestimmten Fertigungs- und technischen Berufen gibt es heute eine recht hohe Zahl von Ausbildungschancen, die auf eine Dauer von dreieinhalb Jahren abzielen. Viele Metall- und Elektroberufe gehören dazu. Analysen zeigen, dass die Erfolgsquote, also der Anteil der Azubis, die die Abschlussprüfung bestehen, bei längerer Ausbildungsdauer signifikant höher.

Berufe mit drei- oder dreieinhalbjähriger Lehrzeit sind im Deutschen Qualifikationsrahmen der Stufe 4 von acht möglichen Stufen zugeordnet. Die Ausbildung wird im dualen System absolviert, das heißt, die Ausbildungsinhalte werden sowohl im Betrieb als auch in der Berufsschule oder alternativ in einer Berufsakademie vermittelt. Zweijährige duale Ausbildungen gehören dagegen nur in die Stufe 3. Hier sind Berufe mit geringeren Anforderungen umfasst, zum Beispiel Fachkraft im Gastgewerbe oder Fachkraft für Metalltechnik. Wer einen solchen Beruf erlernt hat und mehr erreichen will, findet meist eine passende Weiterbildung oder eine zweite Ausbildung. In den beiden genannten Beispielen könnten das Hotelfachmann bzw. Industriemechaniker sein.

Verkürzung nur mit triftigem Grund

Grundsätzlich besteht die Möglichkeit, die Dauer der Ausbildungszeit zu verkürzen. Das geschieht entweder durch eine entsprechende Vereinbarung schon beim Abschluss des Ausbildungsvertrages oder während der Ausbildungszeit. Allerdings geht das nicht willkürlich, denn die Möglichkeiten zur Verkürzung sind im Gesetz genau beschrieben.

So kann beispielsweise eine berufliche Vorbildung auf die Ausbildungszeit angerechnet werden. Das ist interessant, weil man als Azubi dann schon mit der Vergütung des zweiten Lehrjahres einsteigt. Die Kehrseite: Umschüler, die einen neuen Ausbildungsberuf finden wollen, erhalten von der Arbeitsagentur eine Förderung in der Regel nur für zwei Jahre. Bei Blockunterricht in der Berufsschule fehlt ihnen ein ganzer Unterrichtsblock, und das wirkt sich meist negativ auf die Prüfungsleistungen aus.

Auch ein besonders qualifizierter Schulabschluss erlaubt eine Verkürzung der Ausbildung um bis zu ein Jahr. Wollen Sie davon profitieren und ist die kürzere Ausbildungsdauer nicht von Anfang an vereinbart, denken Sie daran, rechtzeitig einen Antrag bei der zuständigen Stelle, zum Beispiel der IHK, zu stellen. Schließlich gibt es die Verkürzung der Ausbildungsdauer wegen guter Leistungen. Haben Sie in den Berufsschulzeugnissen eine Durchschnittsnote von 2 oder besser, und ist man im Betrieb mit Ihnen zufrieden? Herzlichen Glückwunsch, auch Sie können die Ausbildung verkürzen und vorzeitig in die Abschlussprüfung gehen. Viel Glück dafür!

AUSBILDUNGSANGEBOTE RICHTIG AUSWÄHLEN

Mehr als eine halbe Million neuer Lehrstellen in gut dreihundert anerkannten Berufen umfassen die Ausbildungsangebote in Deutschland Jahr für Jahr. Wer rechtzeitig die Weichen stellt und sich früh informiert, hat die besten Chancen auf eine Ausbildung, die den persönlichen Interessen entspricht.

Berufsausbildung ist auch für Abiturienten interessant

Angesichts überfüllter Hochschulen und attraktiver Ausbildungsangebote entscheiden sich Abiturienten heute oft gegen ein Studium und für eine Berufsausbildung. Vor allem große Unternehmen bieten speziell auf diese Zielgruppe zugeschnittene Angebote, bei denen die klassische Ausbildung mit einem Bachelor-Studium verknüpft wird. Der künftige Mitarbeiter erwirbt nicht nur hervorragende theoretische Kenntnisse im Studium, er kennt auch die betriebliche Praxis und ist sofort nach Studienabschluss produktiv einsetzbar. Der Student muss sich keine Sorgen um die Finanzierung seines Studiums machen, denn der Arbeitgeber trägt üblicherweise alle Kosten und zahlt eine ansehnliche Ausbildungsvergütung. Zudem entfällt die Notwendigkeit, sich um schlecht oder gar nicht bezahlte Praktika kümmern zu müssen.

Wenn aber immer mehr Ausbildungsplätze von Abiturienten besetzt werden, wird es für Absolventen mit Real oder Hauptschulabschluss schwer, eine geeignete Lehrstelle zu finden. Umso wichtiger ist es, sich frühzeitig zu informieren und Kontakte zu knüpfen. Ein Fahrplan ins Berufsleben erleichtert den Einstieg. Die Hitliste der Ausbildungsangebote führen übrigens die kaufmännischen Berufe an. Kaufleute für Büromanagement und Kaufleute im Einzelhandel sind die am meisten verbreiteten Ausbildungsangebote in Deutschland. Erst auf Platz 4 kommt mit dem Kfz-Mechatroniker der erste handwerkliche Beruf.

Berufscheck im Internet

Wer träumte als Kind nicht von Berufen wie Pilot, Lokführer, Astronaut, Tierarzt oder Feuerwehrmann? Die Realität hat aber mit den Kinderträumereien nichts zu tun. Es ist wichtig, zunächst die eigenen Stärken zu kennen. Fragen Sie sich, was Sie besonders gut können, was Ihnen Spaß macht. Beziehen Sie Eltern, Lehrer und Freunde in die Entscheidungsfindung ein. Ein Job im Büro ist für denjenigen, der gern mit Zahlen und Texten umgeht, vielleicht die Erfüllung, für den handwerklich begabten Menschen dagegen der Albtraum. Wer dagegen zwei linke Hände hat, wird als Schreiner oder Maler sicher keine gute Figur machen.

Mit Hilfe von Praktika während der, über Berufsmessen und durch eine Beratung in den Berufsinformationszentren der Arbeitsagenturen können Sie leicht feststellen, ob Sie realistische Vorstellungen von einem Beruf haben. Wer nicht bereit ist, im Schichtdienst auch nachts zu arbeiten, kann Lokführer, Feuerwehrmann und eine ganze Reihe anderer Berufe von der Wunschliste streichen. Im Internet gibt es eine ganze Reihe von Angeboten, die Einblick in die Anforderungen bestimmter Berufe bieten: Muss ich sportlich oder kräftig sein? Muss ich gut rechnen können? Wie hoch sind die Anforderungen an deutsche Rechtschreibung und Grammatik? Sind Fremdsprachen, Computerkenntnisse oder handwerkliches Geschick erforderlich?

Sind diese Fragen geklärt, bleibt am Ende vielleicht eine Handvoll an Wunschberufen übrig. Schränken Sie Ihre Auswahl nicht zu sehr ein. Wenn es an Ihrem Wohnort keine Ausbildungsangebote in dem perfekt passenden Beruf gibt, müssen Sie einen Plan B in der Tasche haben. Ziehen Sie die Ausbildung an einem anderen Ort in Betracht, bedenken Sie, dass Sie während der Ausbildungszeit keine Reichtümer verdienen und es schwer sein wird, eine eigene Wohnung zu finanzieren. Einfacher ist es vermutlich, die infrage kommenden Berufe etwas großzügiger zu definieren. Wer Bankkaufmann lernen möchte und keine Ausbildungsstelle findet, wird vielleicht auch als Kaufmann für Versicherungen und Finanzen glücklich. Im späteren Werdegang wird man durch Weiterbildungen vielleicht ohnehin in eine Richtung gehen, die von den Ausbildungsinhalten nicht abgedeckt ist.

Den passenden Arbeitgeber finden

Regional verfügbare Ausbildungsstellen werden ganz klassisch über die regionale Tageszeitung angeboten. Zu den Zeiten, in denen sich viele junge Menschen bewerben, gibt es oft Sonderbeilagen mit Informationen und Stellenanzeigen. Wer überregional sucht, kommt an Online-Stellenbörsen und dem Internet-Angebot der Arbeitsagenturen nicht vorbei. Diese bieten speziell auf Ausbildungsverhältnisse zugeschnittene Filtermöglichkeiten.

Oft noch wichtiger als die fehlerfreie und aussagekräftige Bewerbung auf Stellenanzeigen ist das Nutzen persönlicher Kontakte. Das kann während eines Praktikums oder am Stand des Unternehmens auf einer Berufswahl-Messe geschehen. Fragen Sie auf jeden Fall auch Eltern, Verwandte und Freunde, die schon im Berufsleben stehen, nach deren Arbeitgebern und Ausbildungsmöglichkeiten. Es geht nicht darum, dass Vitamin B, also Beziehungen, die Qualifikation ersetzt. Aber wenn ein Auszubildender auf Empfehlung eingestellt wird, weiß der Arbeitgeber besser, auf wen er sich einlässt, und der Auszubildende ist durch eine persönliche Beziehung zum Unternehmen besonders motiviert.

DIE VIELFALT DER AUSBILDUNGSBERUFE ENTDECKEN

Wer auf der Suche ist nach einem passenden Ausbildungsberuf, hat die Wahl zwischen mehr als dreihundert anerkannten Ausbildungen. Obwohl sich deren Zahl seit 1971 nahezu halbiert hat, ist die Berufsausbildung in Deutschland immer noch von großer Vielfalt geprägt. Dabei halten die Berufsbilder mit dem Wandel in der Gesellschaft und der modernen Technik Schritt.

Spezialisierungen und Wahlqualifikationen auf dem Vormarsch

Früher hatte der gewählte Ausbildungsberuf fast immer einheitliche und für alle Auszubildenden gleiche Inhalte. Auch heute stellen die sogenannten Monoberufe immer noch den weitaus größten Anteil. Viele Berufe werden aber jetzt mit der Möglichkeit angeboten, eine Fachrichtung oder einen Schwerpunkt zu wählen. So kann der Kaufmann für Versicherungen und Finanzen beispielsweise entscheiden, ob er die Prüfung in der Fachrichtung Versicherungen oder Finanzen ablegen möchte.

Eine weitere Möglichkeit der Differenzierung innerhalb eines Ausbildungsberufs sind Wahlqualifikationen. Die Auszubildenden in hoch spezialisieren Wirtschaftszweigen können so zum Ende der Lehrzeit besser auf den praktischen Einsatz in bestimmten Bereichen vorbereitet werden. Um beim Beispiel des Kaufmanns für Versicherungen und Finanzen zu bleiben: wählt er die Fachrichtung Versicherungen, kann er im Prüfungsfach Schaden- und Leistungsmanagement zwischen den verschiedenen Versicherungszweigen wählen, also etwa Sach-, Kraftfahrt-, Lebens- oder Krankenversicherung. Auch in der mündlichen Prüfung, in der unter anderem ein Kundenberatungsgespräch simuliert wird, gibt es diese Wahlmöglichkeit. Um keine Fachidioten heranzubilden, ist aber ein Sparten übergreifendes Basiswissen im allgemeinen Teil der Prüfung nachzuweisen.

Berufsbilder im Wandel

Bei der Suche nach einem Ausbildungsberuf, der den persönlichen Neigungen und Fähigkeiten entspricht, sollte man sich zunächst darüber klar werden, welcher Wirtschaftszweig am besten geeignet ist. Fühlen Sie sich eher an einem Schreibtisch wohl? Dann sind kaufmännische Berufe oder eine Ausbildung in der öffentlichen Verwaltung vermutlich die beste Wahl. Mit handwerklichem Geschick und Interesse an Technik werden es vielleicht Ausbildungsangebote im Metallbereich, Holz- oder Elektroberufe sein. Einen starken Anstieg auf der Beliebtheitsskala verzeichnen IT- und Medienberufe ebenso wie Ausbildungen im Bereich Gesundheit und Soziales.

Veränderte gesellschaftliche Anforderungen und neue Techniken ändern Ausbildungsinhalte und lassen neue Berufsbilder entstehen. Was der Automechaniker noch vor einigen Jahren gelernt hat, reicht heute nicht mehr aus, um mit Elektronik vollgestopfte Fahrzeuge zu reparieren. Der neue Beruf des Kfz-Mechatronikers steht bei männlichen Auszubildenden ganz oben auf der Hitliste. Und auch die Nummer 1 der weiblichen Ausbildungsberufe hat seit einiger Zeit einen neuen Namen und neue Inhalte: aus der Arzthelferin wurde die medizinische Fachangestellte.

Ausbildung auch in Teilzeit möglich

Die duale Ausbildung in Deutschland gilt international als vorbildlich. Duale Ausbildung bedeutet, dass der Ausbildungsbetrieb zwar den größten Teil der Ausbildungsinhalte vermittelt, insbesondere die praktischen Elemente, dass aber die Berufsschule oder eine

Berufsakademie den theoretischen Unterbau beisteuert. Das bedeutet nicht nur bestmöglichen Wissenstransfer, sondern auch eine Kostenentlastung für die Ausbildungsbetriebe.

Für alle Ausbildungsverhältnisse gilt der rechtliche Rahmen des Berufsbildungsgesetzes bzw. der Handwerksordnung. Diese werden ergänzt durch die Ausbildungsordnungen des jeweiligen Berufs und die Rahmenlehrpläne der Berufsschulen. Eine klare Regelung ist nötig, damit die jungen Menschen in der Ausbildung auf die Prüfungsanforderungen vorbereitet werden. Oft sind es bundeseinheitliche Prüfungen, die in einem aufwändigen Verfahren für jeden Ausbildungsberuf separat erstellt, qualitätsgesichert und in paritätisch durch Arbeitgeber und Arbeitnehmer besetzten Fachausschüssen beschlossen werden. Die Verantwortung für die kaufmännischen Berufe liegt beispielsweise bei der AkA, der Aufgabenstelle für kaufmännische Abschluss- und Zwischenprüfungen der IHK Nürnberg.

Das Berufsbildungsgesetz nennt eine Ausbildungsdauer zwischen zwei und drei Jahren. Abweichungen sind aber möglich. Eine interessante Möglichkeit für Quereinsteiger ist die Ausbildung in Teilzeit. Die Ausbildungsdauer für Altenpfleger kann zum Beispiel von drei auf fünf Jahre gestreckt werden. Die Ausbildung ist damit auch in der Familienphase möglich, wenn Eltern sich zum Wiedereinstieg in den Beruf entscheiden und sich neu orientieren oder erstmals einen Ausbildungsberuf erlernen möchten. Auch ein Migrationshintergrund ist keinesfalls ein Hindernis. In manchen Berufen haben mehr als die Hälfte Bewerber ausländische Wurzeln. Auch Menschen mit Behinderungen können anerkannte Ausbildungsberufe im dualen System lernen. Nachteile, die ihnen durch die Behinderung entstehen, werden in der Prüfung ausgeglichen, etwa durch mehr Zeit zum Schreiben oder technische Hilfsmittel.

AUSBILDUNGSMÖGLICHKEITEN: WEGE ZUM TRAUMBERUF

Zum Ende der Schule wird es Zeit, sich Gedanken über die Zukunft und dabei vor allem über Ausbildungsmöglichkeiten zu machen. Denn mit der Wahl von Ausbildung und Beruf stellen junge Leute die Weichen für ihre Zukunft. Vor der Entscheidung für eine der zahlreichen Ausbildungsmöglichkeiten steht die Frage, ob es ein Studium oder eine Lehre werden soll. Doch es gibt es noch andere Wege in einen interessanten Beruf. Neben der betrieblichen oder der schulischen Ausbildung sind das ein duales Studium, die Ausbildung in einer der zahlreichen Berufsfachschulen oder eine Sonderausbildung.

Die Ausbildung in einem Betrieb

Die häufigste und bekannteste der Ausbildungsmöglichkeiten ist die betriebliche Ausbildung. In Deutschland gibt es bis zu 350 unterschiedliche Ausbildungsberufe, jeder kann das Passende finden. Die Palette reicht von den bekannten Berufen wie Friseur, Mechatroniker oder Handelsfachwirt im Einzelhandel bis hin zu den weniger bekannten Berufsbildern wie Graveur, Spezialhochbauer oder Textillaborant. Wie eine Ausbildung in einem Lehrberuf verläuft, bestimmt bundeseinheitlich die Handwerksordnung und das Berufsbildungsgesetz. Dort steht, wie lange die Ausbildung dauert, welche Lerninhalte auf dem Plan stehen und was zum Abschluss geprüft wird. Je nach gewähltem Berufsfeld variiert die Dauer der Ausbildung zwischen zwei bis dreieinhalb Jahre. Gute Leistungen verkürzen die Ausbildungsdauer.

Jungen Menschen steht bei einer betrieblichen Ausbildung außerdem eine Ausbildungsvergütung zu. Eine betriebliche Ausbildung besteht aus Praxisphasen und theoretischen Abschnitten. Wissen aus der Praxis wird in verschiedenen Abteilungen im Ausbildungsbetrieb vermittelt. Ausbildungsbegleitend gibt es Unterricht in einer Berufsschule. Zum Ende der betrieblichen Ausbildung gibt es Abschlussprüfungen an. Werden sie bestanden, gibt es drei Zeugnisse. Das erste stellt die Berufsschule aus. Das zweite

Zeugnis ist das Kammerzeugnis. Das dritte Zeugnis kommt vom Ausbildungsbetrieb.

Lernen in einer Berufsfachschule

Die Ausbildung an einer Berufsfachschule ist eine weitere Ausbildungsmöglichkeit. Berufskenntnisse werden dabei im Vollzeitunterricht vermittelt. Die Bandbreite reicht von Berufen wie Altenpfleger, Erzieher, Fachinformatiker bis zur kaufmännischen Ausbildung. Betriebliche Praktika sorgen für die praxisnahe Ausbildung. Sie finden regelmäßig statt, entweder blockweise oder kombiniert mit dem Alltag in der Berufsschule. So folgen zum Beispiel auf zwei Tage in der Berufsschule drei Praxistage im Betrieb. Dadurch können junge Menschen nach ihrer Ausbildung mit genügend Erfahrung in der Praxis in ihren Beruf starten. Eine Ausbildungsvergütung gibt es bei der schulischen Berufsausbildung nicht. Oft wird muss sogar eine Schulgebühr bezahlt werden. Mit dem BAföG unterstützt der Staat Schüler bei der Ausbildung. Zu unterscheiden ist zwischen öffentlichen und privaten Berufsfachschulen. Die öffentlichen Einrichtungen vergeben beim erfolgreichen Abschluss staatlich anerkannte Ausbildungsabschlüsse. Privaten Berufsfachschulen werden oft mit Bildungszertifikaten abgeschlossen. Wichtig ist, dass in der Branche der Abschluss anerkannt wird.

Studieren und Geld bekommen

Ein duales Studium verbindet den Besuch an einer Hochschule mit der Möglichkeit, Erfahrungen in der Praxis zu sammeln und in einem Ausbildungsberuf sogar einen IHK-Abschluss zu erhalten. Die Wahl besteht zwischen einem ausbildungsintegrierten und einem praxisintegrierten Studienmodell. Grade, wenn junge Menschen noch nachdenken, ob sie studieren oder gleich in das Arbeitsleben starten sollen, sind diese Studienangebote ein perfekter Kompromiss. Für ihre Ausbildung bekommen sie Geld, das

Ausbildungsgehalt. An der Uni eignen sie sich theoretisches Wissen an und werden so perfekt auf den Einstieg in den Beruf vorbereitet. Am Ende eines dualen Studiums steht sowohl ein Studienabschluss und beim er ausbildungsintegrierten Modell die abgeschlossene Berufsausbildung. Über 400 duale Studiengänge gibt es inzwischen in Deutschland.

Wichtig ist der Schulabschluss

Für welche Ausbildungsmöglichkeit sich junge Menschen entscheiden, hängt auch von ihrem Schulabschluss ab. Mit einem Realschulabschluss stehen die Türen für eine betriebliche Ausbildung offen. Auch eine schulische Ausbildung ist möglich. Sogar mit einem Hauptschulabschluss gibt es Chancen auf eine Lehre. Ein duales Studium oder ein Studium an einer Universität setzt ein Abitur voraus. Doch selbst, wenn die Schule ohne Abschluss beendet wurde, gibt es Wege in das Berufsleben. Viele handwerkliche und technische Bereiche bieten Ausbildung ohne Schulabschluss an. Zahlreiche Ausbildungsprogramme bereiten Schüler ohne Abschluss auf die Praxis vor. Damit bekommen auch sie eine Chance, für einen Beruf notwendige Ausbildungsmöglichkeiten zu nutzen.

WIE DIE PASSENDE AUSBILDUNGSSTELLE FINDEN?

Wer sich auf Ausbildungssuche begibt, sollte sich vorher im Klaren darüber sein, unter welchen Voraussetzungen man den erwählten Beruf erlernen möchte. Außerdem ist zu bedenken, welche Anforderung man selbst erfüllt. Auch wer sich noch so sehr für Computer interessiert, wird im IT-Bereich mit einem Hauptschulabschluss nur schwerlich unterkommen. Schreiben Sie sich deshalb alle wichtigen Rahmenbedingungen, die Sie selbst mitbringen und die das Unternehmen erfüllen soll, auf. Wie weit darf der Ausbildungsbetrieb maximal vom Wohnort entfernt liegen? Sind die eigenen Schulnoten gut genug für diese Branche?

Wünschen Sie sich in einem Großbetrieb zu arbeiten oder ist es Ihnen lieber, in einem kleinen Familienunternehmen vom Eigentümer selbst zu lernen? Außerdem: Firma ist nicht gleich Firma. Auch wenn es sich beispielsweise in beiden Fällen um eine Schreinerei handelt, kann das dortige Aufgabenfeld völlig unterschiedlich sein. Manche Betriebe haben sich auf Küchen spezialisiert, andere stellen ausschließlich Kindermöbel her und so manch einer nimmt Aufträge aus allen Bereichen an. Hat der angehende Azubi seine Prioritäten festgelegt, sollte sich dementsprechend beworben werden.

Bewerbungen schreiben

Selbstverständlich muss nicht nur das Unternehmen zum Azubi sondern auch der Azubi zum Unternehmen passen. Um sich von einer möglichst guten Seite zu präsentieren, braucht es eine ordentliche und wahrheitsgemäße Bewerbung. Denn obwohl natürlich auf die eigenen Vorzüge hingewiesen werden darf, muss alles was in der Bewerbungsmappe steht zu einhundert Prozent der Wahrheit entsprechen. Bei der Ausbildungssuche zu prahlen wird nicht gerne gesehen und wer Zeugnisse manipuliert, muss sich möglicherweise wegen Urkundenfälschung vor Gericht verantworten. Egal ob sich per Brief oder E-Mail beworben wird, die Unterlagen haben ohne Rechtschreibfehler, Tintenkleckse oder andere unschöne Unachtsamkeiten zu sein. Suchen Sie sich im Internet den Namen des Personalmanagers raus oder adressieren Sie im Falle von einem mittelständischen Betrieb an den Inhaber persönlich. Dies zeigt, dass sich bereits mit dem Unternehmen auseinandergesetzt wurde.

Ein Praktikum hilft bei der Entscheidung

Wer sich bei der Ausbildungssuche nicht so recht für einen Beruf entscheiden kann und zwischen der Lehre zum Zollbeamten, Pfleger oder Automechaniker hin und her gerissen ist, darf sich um eine Praktikumsstelle bewerben. Für einige Tage oder Wochen in verschiedene Berufe hineinschnuppern und den Alltag dort erleben, ist stets hilfreich. Häufig kommt das Angebot auch von den Unternehmen. Wird ein angehender Azubi zum Vorstellungsgespräch eingeladen und ist man sich auf Anhieb sympathisch, schlagen viele Chefs ein kurzes Praktikum vor. Sowohl der Betrieb wie auch der Lehrling können sich ein Bild vom jeweils anderen machen. Auch hilft diese kurzfristige Arbeit dabei, unrealistischen Vorstellungen entgegenzuwirken. Wer beispielsweise beim Reiseverkehrskaufmann ausschließlich an das Thema Reisen denkt und nicht den kaufmännischen Teil mitberücksichtigt, wird im Praktikum einen realitätsnahen Überblick erhalten.

AUSBILDUNGSBÖRSE: AUSBILDUNGSCHANCEN ONLINE UND OFFLINE FINDEN

Bei der Suche nach der passenden Berufsausbildung hilft eine Ausbildungsbörse vor Ort ebenso wie die entsprechenden Portale im Internet. Neben dem großen Online-Angebot gibt es in größeren Städten zu den typischen Bewerbungsterminen, meist zum Anfang des Jahres, vor Ort Informationsveranstaltungen mit Messe-Charakter, in denen Unternehmen ihr Angebot an Lehrstellen präsentieren. Beide Möglichkeiten, online wie offline, helfen, sich ein klares Bild von dem angestrebten Beruf zu machen, konkrete Ausbildungsangebote zu finden und auch Alternativen zum Traumberuf auszuloten.

Allgemeine Informationen aus dem Internet

Die Schulen bemühen sich zwar, durch Praktikumswochen oder entsprechende Gestaltung des Unterrichts ihre Schüler auf die Berufswahl vorzubereiten, aber dennoch bleibt häufig ein erhebliches Informationsdefizit. Das liegt auch daran, dass Wirtschaftsthemen im Schulunterricht nur sehr am Rande vorkommen. Vielleicht weiß der Schüler von den Eltern, wie es in einem Büro zugeht, oder aus dem

Fernsehen, was ein Fluglotse zu tun hat, aber von einem umfassenden Überblick kann keine Rede sein.

Die traurige Folge ist, dass einerseits Ausbildungsplätze unbesetzt bleiben, andererseits aber auch Schulabgänger keine Ausbildungsstelle erhalten, vielleicht nur deshalb, weil sie zu sehr auf einen bestimmten Beruf fixiert waren. Im Internet kann man sich in der Ausbildungsbörse von A bis Z bei der Agentur für Arbeit, bei den Industrie- und Handelskammern, den Handwerkskammern oder privaten Arbeitsvermittlern über die verschiedenen Berufsbilder, die Anforderungen und das Angebot an Lehrstellen informieren. Manchmal gibt es auch kleine Online-Tests, mit denen man seine Interessen und Neigungen erforschen kann und darauf abgestimmte Vorschläge erhält.

Kontakte zur lokalen Wirtschaft knüpfen

Wer mit solchen Informationen ausgestattet auf eine Ausbildungsmesse in seiner Region geht, wird schnell die interessanten Anbieter finden. Der besondere Vorteil einer lokalen Ausbildungsbörse ist, dass Sie hier sofort Kontakte knüpfen können und Ihre Fragen an kompetenter Stelle platzieren. Die Messestände sind oft nicht nur mit dem Personalchef und dem Verantwortlichen für das Ausbildungswesen besetzt, sondern auch mit derzeitigen Auszubildenden des Unternehmens. Hier erfahren Sie aus erster Hand, welche Qualifikationen Sie mitbringen müssen, was Sie in der Ausbildung noch alles lernen werden und welche Chancen auf Übernahme in ein unbefristetes Arbeitsverhältnis nach der Ausbildung bestehen.

Unser Tipp: Wenn Sie ein Ausbildungsbetrieb besonders interessiert, nehmen Sie nicht nur allgemeine Broschüren von der Ausbildungsbörse mit, sondern lassen Sie sich eine Visitenkarte zum Beispiel des Ausbildungsleiters geben. Stellen Sie Fragen, zum Beispiel nach integriertem Studium, sonstigen Weiterbildungsmöglichkeiten oder möglichen

Auslandspraktika in internationalen Konzernen. Das unterstreicht Ihre Motivation und Einsatzbereitschaft. Sorgen Sie dafür, dass man sich später an Sie erinnern wird. Adressieren Sie Ihre Bewerbung an Ihren Messekontakt und nehmen Sie auf das Gespräch Bezug. Vielleicht ist dies Ihr Fuß in der Tür für den künftigen Ausbildungsvertrag.

VERDIENST IN DER AUSBILDUNG

Tritt man eine duale Ausbildung an, wird eine Ausbildungsvergütung gezahlt. Diese ist weder mit Lohn, noch mit Gehalt gleichzusetzen. Diese Vergütung stellt lediglich einen Beitrag zu den Kosten des Auszubildenden dar, nebst einem Taschengeld. Die Höhe des zu zahlenden Betrags, wird durch Tarifvereinbarung in den jeweiligen Branchen festgelegt und muss vom ersten bis zum dritten Lehrjahr ansteigen. Wird eine höhere Vergütung als 325 EUR gezahlt, fallen für den Arbeitgeber Sozialversicherungsbeiträge an. In der Regel wird die Auszahlung zum letzten Arbeitstag des Monats geleistet. Lohnsteuer für den Auszubildenden fällt momentan erst ab einem Verdienst von über 907 EUR an.

Wieviel Ausbildungsvergütung erhält man?

Die Höhe der Vergütung ist grundsätzlich branchen-, aber auch bundeslandabhängig. So ist es bis heute so, dass in den alten Bundesländern mehr gezahlt wird, als in den neuen. Dennoch ist seit Jahren der Trend zu verzeichnen, dass die Vergütung in der Ausbildung kontinuierlich steigt, branchenübergreifend.

In Listen für Berufsausbildungen, z.b. im kaufmännischen Bereich, können die durchschnittlichen Vergütungen eingesehen werden. Im ersten Lehrjahr ist eine Zahlung von 400 - 800 pro Monat üblich, einige Berufszweige bilden jedoch auch hier eine Ausnahme, beispielsweise Friseure. Meist sind die Betriebe tariflich gebunden und werden die

Vergütung auszahlen, die im jeweiligen Tarifvertrag geregelt wurde. Sollte der Ausbildungsplatz keiner tariflichen Bestimmung unterstehen, liegt es im Ermessen des Ausbildungsbetriebs, wie hoch der monatliche Betrag ausfällt. Dabei ist stets zu beachten, dass dieser angemessen der zu leistenden Arbeit ausgegeben werden sollte.

Möchte man einen lukrativen Ausbildungsberuf, sollte man vor allem die Baubranche anstreben. Beton- und Stahlbetonbauer, Stukateure, Maurer und Zimmerer zählen zu den Top 10 Ausbildungen, wenn es um Finanzen geht.

Doch auch kaufmännische Berufe, besonders im Bereich Versicherung und Finanzen sind gut bezahlt. Ebenso bildet die Bundeswehr auch im Zivilbereich als Ausbilder mit guter bis sehr guter Vergütung. Fluglotsen und ähnliche Berufe sind hochvergütet.

Branche:	1. Ausbj.	2. Ausbj.	3. Ausbj.	4. Ausbj.
Architekten / Bauzeichner	670,00	790,00	920,00	
Floristen	525,00	565,00	625,00	
Hauswirtschaft	605,00	660,00	705,00	
Immobilienwirtschaft	775,00	885,00	995,00	
Nahrungsmittel-Ind.	724,50	783,50	839,50	964,50
Schutz und Sicherheit	460,00	540,00	590,00	
Sport und Fitness	450,00	500,00	600,00	
Systemgastronomie	694,00	775,00	857,00	

Tourismus	642,00	753,00	897,00
Versicherungsvermittler	671,00	729,00	797,00
Zeitarbeit	750,00	830,00	880,00

Quelle: IHK Frankfurt a. Main

Das böse Erwachen beim Ausbildungsvertrag

Informiert man sich nicht im Vorfeld über den durchschnittlichen Verdienst in der Ausbildung seiner Wahl, erfährt man oft erst bei Unterzeichung des Ausbildungsvertrages von der Höhe der Ausbildungsvergütung. Damit man sich vorab auf einen bestimmten Lehrgeldbetrag einstellen kann, finden sich im Internet diverse Listen, Tabellen und auch Rechner, die den jeweiligen Berufszweig aufschlüsseln und die Vergütung, sogar bundeslandspezifisch ausgeben. Natürlich sind all diese Werte als reine Richtwerte anzusehen. Des weiteren sollte man im Ausbildungsvertrag gründlich nachlesen, ob eine Prämienzahlung für bestandene Zwischenprüfungen ausgegeben wird.

Im Berufsbildungsgesetz ist zudem verankert, dass bei Mehrstunden ein finanzieller oder Freizeitausgleich stattfinden muss. Auch dies sollte im Vertrag geprüft werden.

Ausnahme staatlich geprüfte Ausbildungen

Wird eine Ausbildung angestrebt, die staatlich geprüft wird, ist keine Ausbildungsvergütung beinhaltet. In diesem Falle kann staatliche Hilfe in Form von Bafög beantragt werden, um die Kosten der Ausbildung zu reduzieren.

STECKBRIEFE DER AUSBILDUNGSBERUFE VON A-Z

Die Agentur für Arbeit hat eine Übersicht über alle Ausbildungen von A-Z zusammengestellt. Alle in Deutschland zur Verfügung stehenden Ausbildungsberufe sind hier erfasst und werden näher beschrieben. Gerade wenn das Ende der Schulzeit immer näher rückt, wird es Zeit sich mit der beruflichen Zukunft auseinanderzusetzen. Die Listen sollen helfen, die richtige Ausbildung zu finden und zu erfahren, was sich konkret hinter den Berufsbezeichnungen verbirgt.

Nach Interessengebieten zusammengestellte Infomappen bieten einen Überblick über alle Ausbildungen von A-Z, vom Altenpfleger bis zum Zweiradmechatroniker. Steckbriefe informieren über die Tätigkeiten, die in dem jeweiligen Beruf ausgeübt werden, in welcher Art von Betrieben gearbeitet werden kann und welcher Schulabschluss für die Ausbildung vorausgesetzt wird. Auch die Ausbildungsart und -dauer, sowie die Lernorte werden genannt. Außerdem wird erläutert, welche Anforderungen an den zukünftigen Auszubildenden gestellt werden und welche Schulfächer während der Ausbildung schwerpunktmäßig unterrichtet werden. Auch einen groben Überblick über die Verdienstmöglichkeiten während der Ausbildungszeit sind dem Infomaterial zu entnehmen. Wer sich beispielsweise für soziale Berufe interessiert, bekommt einen guten Überblick über die Ausbildungsmöglichkeiten in diesem Bereich. Wer hingegen Tierberufe spannend findet, erhält eine Liste aller Berufe, die sich mit Tieren befassen.

Liste mit allen Ausbildungsberufen

Die Ausbildungsmöglichkeiten werden immer vielseitiger

Die Ausbildungsangebote werden ständig erweitert, aber auch immer stärker spezialisiert. Wer sich zum Beispiel für Berufe in der chemischen Industrie interessiert, hat die Wahl zwischen einer Ausbildung zum Chemielaboranten, Chemielaborjungwerker, Chemikanten oder chemisch-technischen Assistenten. Für jeden dieser vier

Ausbildungszweige werden unterschiedliche Schulabschlüsse vorausgesetzt. Während die Ausbildung zum chemisch-technischen Assistenten überwiegend in einer Berufsfachschule oder am Berufskolleg und einem Praktikumsbetrieb stattfindet, so durchläuft der Chemikant eine 3,5 jährige duale Ausbildung im Ausbildungsbetrieb und der Berufsschule. Gerade wenn man noch unschlüssig ist oder einen vermeintlich nicht ausreichenden Schulabschluss für eine gewünschte Ausbildung hat, lohnt sich ein Blick in die Liste der Ausbildungen von A-Z, um gegebenenfalls einen artverwandten Ausbildungszweig zu finden. Oder man trifft dabei auf einen Beruf wie den des Wasserbauers, den man bis dahin vielleicht noch nie gehört hatte, der aber ebenfalls interessant sein könnte.

Die meisten Ausbildungen werden als klassische duale Berufsausbildung angeboten. Die Bedeutung der praxisbezogenen Ausbildung nimmt stetig zu, sodass auch das duale Studium von immer mehr Betrieben angeboten wird. Darüber hinaus besteht auch die Möglichkeit einer rein schulischen Ausbildung an einem Berufskolleg oder einer Berufsfachschule. Auch berufsbegleitend kann man sich weiterbilden und einen Ausbildungsabschluss erwerben. Es gibt also nicht nur sehr vielfältige Berufsbilder, sondern auch zahlreiche Wege, die Sie zu Ihrem Traumjob führen.

AUSBILDUNG IN DER ALTENPFLEGE

Die Ausbildung als Altenpflegerin nach aktuellem Verständnis, ist erst seit dem Jahre 2003 möglich. Des Berufsbild und die damit einhergehende Ausbildungsanforderung sowie -zeit und -ziel sind mit dem Altenpflegegesetz geregelt worden. Seither wird dieses Aufgabengebiet auch rechtlich zu den Heilberufen wie Krankenpfleger, Arzt oder Psychotherapeut gezählt. Weil die Altenpflege vormals hauptsächlich innerhalb der Familie gewährleistet wurde und die veränderte gesellschaftliche Struktur dies heute erschwert, war es von staatlicher Seite nötig ein eigenes Berufsbild zu definieren. Demzufolge ist der Altenpfleger sowohl für die alltägliche Pflege, wie beispielsweise für das Baden oder Waschen des Patienten ebenso verantwortlich wie für die von einem Arzt festgelegten medizinischen Aufgaben. Infusionen setzen, Medikamente auch in Form von Spritzen verabreichen und das Überprüfen der Einnahme der Medikation sind damit gemeint. Daneben spielt die psychologisch-soziale Betreuung eine gewichtige Rolle. Eine Ausbildung als Altenpflegerin stellt deshalb hohe Anforderungen an den Azubi, der dafür mit einem interessanten und abwechslungsreichen Aufgabenfeld rechnen kann.

Ausbildungsbedingungen

Die Ausbildungsdauer für den Altenpflegeberuf liegt bei drei Jahren. Wer sich dafür entschieden hat, muss mindestens die Mittlere Reife oder eine andere 10jährige, allgemeine Schulausbildung vorweisen können. In beiden Fällen lassen die Altenpflegeschulen nur dann zur Lehre zu, wenn ein Abschlusszeugnis beziehungsweise ein bestandenes Prüfungszeugnis vorhanden ist. Hat die angehende Auszubildende bereits als Altenpflegegehilfe gearbeitet und konnte sie diese gesonderte Berufsausbildung mit der Note 2,5 oder besser abschließen, entfällt das erste Lehrjahr der Altenpflegeschule. Es darf sofort ins zweite Ausbildungsjahr eingestiegen werden. Die Basisinformationen für diesen Beruf sind durch die Gehilfenausbildung bereits gegeben.

Ablauf der Lehre

Wie in den meisten Pflegeberufen folgt auch die Ausbildung zur Altenpflegerin dem dualen Bildungssystem. Das heißt, dass die Lehrlinge sowohl in der Praxis wie auch in der Theorie geschult werden. Die Altenpflegeschule vermittelt sämtliches Grundwissen und macht auch mit allen rechtlichen Aspekten vertraut. Ein Azubi muss dort mindestens 2100 Unterrichtsstunden absolvieren. Parallel sind rund 2500 Arbeitsstunden am Patienten vorgesehen. Beide Ausbildungsorte garantieren, dass man mit allen Belangen und Aufgabenstellungen des Berufs vertraut wird. Neben der Versorgung und Pflege der alten Menschen gehört vor allem auch der psychologische Aspekt zum Praxisteil. Da die zu Betreuenden mitunter nicht nur an einer Krankheit leiden, sondern mehrere körperliche und seelische Gebrechen zusammenkommen und damit die sogenannte Multimorbidität vorliegt, wird Wert auf ein möglichst breitgefächertes Ausbildungsbild gelegt. Gerade die Demenz spielt in diesem Zusammenhang eine große Rolle. Weil es anfänglich um die Betreuung später um die Sterbebegleitung des Patienten geht, begegnen Ihnen bei einer Ausbildung als Altenpflegerin auch Elemente der palliativen Pflege.

EIN ANERKANNTER AUSBILDUNGSBERUF

In der Bundesrepublik Deutschland gibt es circa 350 staatlich anerkannte Ausbildungsberufe, die man ergreifen kann. Ihnen allen gemein ist, dass sie auf dem dualen Bildungsweg vermittelt werden. Der Berufsschulunterricht und die Arbeit im Betrieb wirken ineinander und sollen dem Auszubildenden ein ganzheitliches Bild von seiner Arbeit vermitteln. Das duale Ausbildungssystem kennt sowohl wöchentliche Schulbesuche wie auch sogenannte Blockschuleinheiten. Letzteres bedeutet, dass der Azubi mehrfach pro Lehrjahr für einige Wochen am Stück die Schulbank drückt. Nach einer Blockschuleinheit von beispielsweise sechs Wochen kehrt er oder sie wieder in den Betrieb zurück. Beim gemischten System wird ein bis zwei Tage pro Woche die Schule besucht und den Rest der Arbeitszeit in der Werkstatt, dem Büro oder dem Laden verbracht.

Alle Jugendlichen, sprich sämtliche Personen unter 18 Jahren müssen, wenn sie sich für eine Ausbildung entscheiden, anerkannte Ausbildungsberufe absolvieren. Das Bundesinstitut für Berufsbildung veröffentlicht jedes Jahr eine Liste anerkannter Berufsfelder. Nur die darin genannten Jobs kommen für Minderjährige in Frage. Durch diese Regelung soll sichergestellt werden, dass die Qualität der unterschiedlichen Ausbildungsberufe auf ungefähr dem gleichen Level ist. Anders als das Schulsystem ist die Berufsausbildung nicht Ländersache. Wer in Bayern Automechaniker lernt, kann sich mit dem Abschlusszeugnis auch in einer Berliner Werkstatt bewerben. Dank dieser Standardisierung dürfen Sie nach dem Ausbildungsende arbeiten, wo immer sie möchten ohne ein Anerkennungsverfahren durchlaufen zu müssen. Welche Berufe in die offizielle Liste aufgenommen werden, bestimmten in Zusammenarbeit das Bundesministerium für Wirtschaft und Technologie sowie das Bundesministerium für Bildung und Forschung. Damit soll garantiert werden, dass auch neue, an die moderne Technik angepasste Berufsbilder eine Chance haben, in den Reigen der staatlich anerkannten Ausbildungsberufe aufzusteigen.

Die Bandbreite der Anerkannten

Es ist möglich in den Branchen Bau-, IT-, Holz-, Metall- und Elektroberufe sowie im Bereich Wirtschaft und Verwaltung Ausbildungen zu machen. Auch die Segmente Bergleute, Recht und öffentliche Verwaltung, Musikinstrumentenberufe, Chemie, Physik, Biologie, Textil- und Bekleidungsberufe, Medien-, Glas- und Keramikberufe sowie Gesundheit, Körperpflege und Soziales halten eine Vielzahl unterschiedlicher Ausbildungsberufe bereit. Die genannten Themengebiete sind natürlich in viele einzelne Berufe unterteilt, die auch extrem unterschiedlich sein können. Obwohl Raumausstatter und Steinmetze prinzipiell wenig miteinander zu tun haben, gehören sie beide zur Baubranche. Einige der bekanntesten und am häufigsten gewählten Berufe fallen unter die Rubrik Wirtschaft und Verwaltung. Dazu zählt man beispielsweise sämtliche kaufmännischen Ausbildungen. Vom Apothekenhelfer über den Buchhändler bis hin zum Versicherungskaufmann ist dort alles enthalten. Wenn Sie hingegen im Rathaus oder dem Finanzamt als Beamter arbeiten möchten, fällt dies unter den öffentlichen Verwaltungsbereich.

ABSCHLUSS JA, JOB NEIN - UND NUN?

Arbeitslos nach der Ausbildung - damit rechnen Berufseinsteiger zu Beginn der Lehre sicher nicht. Es gibt verschiedene Anlässe, nach Beendigung der Ausbildung nicht übernommen zu werden. Oft liegen betriebsbedingte Gründe vor, manchmal passt die Chemie einfach nicht, manchmal kommt der Wunsch zu gehen vom Auszubildenden selber.

Frühzeitig ein Gespräch suchen

Wem seine Ausbildung gefällt und wer gerne nach Beendigung weiter in dem Unternehmen tätig sein möchte, der sollte ein halbes Jahr vor seinem Abschluss ein Gespräch mit dem Arbeitgeber führen. Hat dieser vor, den Auszubildenden zu übernehmen, ist alles gut. Ist dies nicht der Fall, bleibt genügend Zeit, sich umzuorientieren. Wer dennoch keine Lösung findet und trotz aller Bemühungen arbeitslos ist nach der Ausbildung, sollte rechtzeitig den Gang zur Arbeitsagentur in Angriff nehmen.

Meldung bei der Bundesagentur für Arbeit

Die Ausbildung ist ein sozialversicherungspflichtiges Arbeitsverhältnis. Damit besteht bei Arbeitslosigkeit ein Jahr der Anspruch auf Arbeitslosengeld I. Das sind rund 60 Prozent der Ausbildungsvergütung. Außerdem übernimmt die Arbeitsagentur in verschiedenen Fällen die Bewerbungskosten.

Es gibt verschiedene Möglichkeiten, einen Job zu finden. Natürlich hilft das Arbeitsamt bei der Suche. Aber auch im Internet oder in der Zeitung sollte man sein Glück versuchen. Betrieben, die man besonders interessant findet, kann man eine Initiativbewerbung zukommen lassen.

Wer trotz allem keine Festanstellung findet, der kann über andere Wege nachdenken. Eine Variante ist es, sich in eine andere Richtung zu orientieren. Das kommt natürlich nur in Frage, wenn man schon während der Ausbildung merkt, dass der gelernte Beruf eher nicht der Traumjob ist, den man sich eigentlich vorgestellt hat. Für alle anderen ist eine Weiterbildung eine Alternative.

Weiterbildung als Chance sehen

Möglichkeiten dazu gibt es verschiedene. Oft hilft es, einen höheren Schulabschluss nachzuholen. Wer das Abitur oder Fachabi schon in der Tasche hat, kann ein Studium anschließen. Die Bedingungen zur Zulassung unterscheiden sich von Studiengang zu Studiengang und sind auch nicht in allen Bundesländern gleich. Informationen liefern die jeweiligen Hochschulen. Wer neben seinem Studium Dank der Ausbildung praktische Erfahrung vorweisen kann, wird später von vielen Arbeitgebern bevorzugt. Und natürlich hilft das bereits erworbene Wissen im Laufe des Studiums weiter.

Wer eine Ausbildung abgeschlossen hat, kann eine Fortbildung zum Meister oder Techniker anstreben. Dies fordert viel Disziplin und Fleiß, zahlt sich aber durch den höheren Abschluss am Ende aus. Günstig sind die Schulen allerdings nicht, und nebenher muss der Lebensunterhalt finanziert werden.

Hier treten verschiedene Fördermöglichkeiten in Kraft. Ob BAföG, Stipendium oder Bildungskredit - es lohnt auf jeden Fall, sich über die zahlreichen Hilfsangebote einen Überblick zu verschaffen. Arbeitslos nach der Ausbildung sein ist nicht schön, kann aber als Chance genutzt werden, die Karriere voran zu bringen.

DER WEG ZUR RICHTIGEN AUSBILDUNG

Nach Beendigung der Schule stellt sich allen Absolventen die Frage nach der passenden Ausbildung, als was soll man sich nur bewerben? Die Ausbildungsangebote sind vielfältig, umso schwieriger ist es als junger Mensch, den Überblick zu behalten.

Brainstorming

Im ersten Schritt gilt es, Informationen über die eigenen Interessen zusammen zu tragen. Möchten Sie mit Menschen zusammen arbeiten oder liegt Ihnen eher ein kaufmännischer Beruf? Besteht die Möglichkeit, ein geliebtes Hobby zur täglichen Arbeit zu machen?

Setzen Sie sich auch mit Ihren Stärken und Schwächen auseinander. Wer Tiere liebt, aber beim Anblick von Blut Kreislaufversagen hat, sollte sich eine Ausbildung zur Tierarzthelferin aus dem Kopf schlagen.

Jobideen sammeln

Wer sich mit sich selbst auseinandergesetzt hat, kann diese Informationen in Berufswahltests eingeben. Diese findet man vielfach im Internet. Aus den Angaben ergeben sich Berufsvorschläge.

Einen ähnlichen Test gibt es im BiZ, dem Berufsinformationszentrum der Arbeitsagentur, welches man ohne Termin besuchen kann. Hat man den Test gemacht und Vorschläge erhalten, die interessant klingen, kann man sich direkt vor Ort über die betroffenen Berufe informieren.

Berufswahl einkreisen

Nachdem Sie wissen, in welche Richtung es ungefähr gehen soll, sollten Sie möglichst viele Auskünfte über die Favoriten einholen. Auch dafür gibt es verschiedene Wege. Im Internet findet man Erfahrungsberichte von anderen Azubis. Die sind von jungen Menschen für junge Menschen geschrieben und bieten einen guten Blick hinter die Kulissen. Manchmal findet man ganze Ausbildungstagebücher, die die Vor- und Nachteile des Berufs teils ernst, teils amüsant, aber auf jeden Fall ehrlich wiedergeben.

Auf Ausbildungsmessen kann man sich über seinen Wunschberuf informieren. In vielen größeren Städten finden diese Messen statt, auch regionale Unternehmen stellen ihre Betriebe und Ausbildungsmöglichkeiten vor. Nutzen Sie die Treffen, um sich zu informieren, Gespräche zu führen und direkt Kontakte zu knüpfen.

Ein Praktikum gibt Aufschluss

Ein Schulpraktikum hat nahezu jeder Schüler gemacht. Zeitpunkt und Länge variiert von Schule zu Schule. Ehrlicherweise sehen viele Schüler in den unteren Klassen das Praktikum als unterhaltsame Abwechslung vom Unterricht. Wenn sich die Schulzeit dem Ende zuneigt und die Frage nach dem Ausbildungsplatz konkret wird, ändert sich die Einstellung. Bietet die Schule keinen Zeitraum mehr für Praktiken, Sie sind aber noch unsicher, ob ihr bevorzugter Ausbildungsplatz wirklich der richtige Beruf ist, ist Eigeninitiative gefragt. Schnuppern Sie in den Ferien oder, je nach Beruf, an Wochenenden in den Betrieb rein. Viele Arbeitgeber freuen sich über engagierte junge Menschen. Passt es auf beiden Seiten, ist der Weg zum Ausbildungsvertrag nicht mehr weit.

ALLES AUF ANFANG - DIE ZWEITE AUSBILDUNG

Im Rahmen einer Neuorientierung denken nicht nur junge Erwachsene mitunter über einen Weg nach, der zunächst seltsam erscheint: die Ausbildung nach der Ausbildung. Dafür kann es von der erfolglosen Jobsuche bis zum Neigungswechsel einige Gründe geben. Ein weiteres Mal

Azubi werden? Bei näherer Betrachtung kann eine solche Entscheidung sehr sinnvoll sein.

Die Ausbildungszeit verkürzen

Wer über 21 Jahre alt ist und bereits über Arbeitserfahrung - hierzu zählt auch die erste Ausbildung - verfügt, kann die Ausbildung in vielen Fällen abkürzen. Dazu ist es notwendig, dass Ausbilder und Azubi einen Antrag bei der zuständigen Kammer stellen. Bis zu zwölf Monate können eingespart werden. Noch mehr ist meist nicht möglich, da für Ausbildungen in Deutschland eine Mindestdauer gilt. Wer die erste Ausbildung abgebrochen hat, kann sich für die zweite Leistungen anrechnen lassen - allerdings nur dann, wenn die zweite der ersten fachlich ähnelt.

Auf die Verkürzung der Ausbildung besteht grundsätzlich kein Rechtsanspruch. Das heißt, der Ausbilder oder die Kammer kann ihr widersprechen. In diesem Fall muss auch die zweite Ausbildung in voller Länge absolviert werden. Schon vor Ausbildungsbeginn sollte daher mit der Kammer beziehungsweise dem Ausbilder geklärt werden, ob die Voraussetzungen für eine Verkürzung vorliegen.

Finanzierung der zweiten Ausbildung

Auch in der zweiten Ausbildung möchten Azubis natürlich ohne Sorgen ihren Lebensunterhalt bestreiten können. Das ist absolut möglich, wenn ein paar Dinge beachtet werden. Zunächst einmal gilt: Jeder erhält das ganz normale, vom Lehrjahr abhängige Ausbildungsgehalt. Dies erhöht sich auch dann nicht, wenn die Ausbildung verkürzt werden kann. Oft brauchen Azubis eine zweite Einkommensquelle. Die Förderung durch Berufsausbildungsbeihilfe (BAB) ist bei der Zweitausbildung nicht möglich. Dafür kann allerdings Wohngeld als Zuschuss für die Mietkosten beantragt werden.

Eltern sind zum Unterhalt verpflichtet, wenn sich das Kind in der ersten Ausbildung befindet. Für die zweite Ausbildung gilt das nur dann, wenn diese inhaltlich auf der ersten aufbaut. Andernfalls müssen Eltern keinen Unterhalt mehr leisten, dürfen dies aber selbstverständlich freiwillig tun. In jedem Fall muss Azubis das Kindergeld zugute kommen. Dieses gibt es bis zum 25. Lebensjahr, unabhängig davon, ob es sich um die Erst- oder Zweitausbildung handelt. Wenn Eltern keine Kosten mehr durch ihr Kind entstehen, müssen sie das Kindergeld auszahlen.

Es gibt also gute Gründe für eine Ausbildung nach der Ausbildung. Einen großen Makel im Lebenslauf stellt eine solche Entscheidung in heutigen Zeiten meistens nicht dar. Wer diesen Schritt geht, sollte sich vorher sehr genau über die formalen Rahmenbedingungen informieren; dann steht dem erfolgreichen Neuanfang nichts mehr im Wege.

CHANCEN DURCH BERUFSBEGLEITENDES LERNEN

Eine berufsbegleitende Ausbildung ist eine gute Chance für Menschen, die bereits seit einer bestimmten Zeit in ihrem Berufsleben stehen und sich weiterentwickeln wollen. Denn sie eröffnet ihnen die Möglichkeit, mit den verschiedenen Arten einer beruflichen Fortbildung ihren Horizont zu erweitern. Job und Verdienst für den Lebensunterhalt müssen dafür nicht aufgegeben werden. Und in vielen Unternehmen gibt es sogar die Unterstützung vom Arbeitgeber. Denn eine berufsbegleitende Ausbildung sorgt für eine bessere Qualifikation des Arbeitnehmers und nutzt deshalb auch dem Unternehmen. Wer höher ausgebildet ist, dem stehen in seinem Beruf völlig neue Perspektiven offen. Zusätzlich erworbenes und in der Praxis nachgewiesenes Wissen ist ein gutes Argument für eine anstehende Beförderung. Selbst ein üppigeres Gehalt lässt sich damit leichter durchsetzen. Berufliche Qualifikation schützt außerdem vor Arbeitslosigkeit. Es hebt das Selbstvertrauen des Arbeitnehmers, fördert seine Freude bei der Arbeit und schafft insgesamt mehr Zufriedenheit mit dem Job.

Angebote für eine berufsbegleitende Ausbildung stehen in Deutschland in großer Zahl zur Verfügung. Typisch für eine berufsbegleitende Ausbildung sind verschiedene Aufbaustudiengänge. Auch Masterstudiengänge bieten in großer Zahl die Möglichkeit für berufliches Weiterkommen. Angeboten werden solche Aufbau- oder Masterstudiengänge von Fachhochschulen. Auch Fernhochschulen, bekannt als Fern-Unis, werben mit dem Studium neben dem Berufsalltag. Berufsbegleitende Fortbildung in einem Fernlehrgang oder einem Fernstudium verlangt vom Teilnehmer Disziplin. Gemeinsam haben die zahlreichen Offerten, dass sie nur eine begrenzte Zeit der Anwesenheit, die so genannte Präsenzzeit, erfordern. Der größte Anteil des Studiums wird im Selbststudium oder online am Computer bewältigt.

Für die Zulassung zu einem dieser Lehr- oder Studiengänge ist nicht unbedingt ein zuvor erworbener Hochschulabschluss nötig. Auch ein Abitur gehört nicht in jedem Fall zur Grundvoraussetzung. Viele Fern- und Fachhochschulen akzeptieren vom Bewerber nachgewiesene, vergleichbare Qualifikationen oder einfach eine mehrjährige Berufserfahrung. Seit einigen Jahren werden berufsbegleitende Ausbildungen auch an ganz verschiedenen Berufskollegs angeboten. In der Regel erfahren die Teilnehmer an zwei Tagen pro Woche eine schulische Ausbildung. An den verbleibenden drei Tagen lernen sie die Praxis in einem Betrieb kennen. Vor allem im sozialen Bereich, zum Beispiel bei der Altenpflege, ist dieses Modell ein Weg, während der schulischen Ausbildung notwendige praktische Erfahrungen zu sammeln und Arbeitsabläufe kennenzulernen.

Ausbildung am Abend

Nicht immer kann oder muss es ein Fernstudium oder ein Fernlehrgang sein. Berufsbegleitende Qualifikation neben dem Job ist auch an der Abendschule möglich. Hier findet Unterricht in der Regel als Präsenzveranstaltung nach dem Feierabend und zum Teil an den Wochenenden statt. Ausbildungen neben dem Beruf, die an einer Abendschule stattfinden, sind für viele der Einstieg in lebenslanges Lernen. Unter anderem können Arbeitnehmer in einer Abendschule einen Schulabschluss nachholen oder einen höheren erwerben. Damit schaffen sie sich die Voraussetzung, in weiteren Lehrgängen berufliche Qualifikationen zu erreichen, für die ihr ursprünglicher Abschluss nicht ausgereicht hätte. Andere Bildungseinrichtungen mit Feierabend- und Wochenendunterricht eröffnen Arbeitnehmern die Chance, Meisterabschlüsse für Handwerksberufe zu erhalten und damit im Handwerk den nächsten Schritt auf der Karriereleiter zu wagen. Analog dazu bieten viele Technikerschule berufsbegleitende Ausbildungen an, an deren Ende technische Abschlüsse stehen. Das wiederum öffnet die Tür für ein Fernstudium mit technischen Schwerpunkten.

Orientierung verschaffen

Wer auf eine berufsbegleitende Ausbildung setzt, muss vor dem Start darüber nachdenken, welchen Zweck eine solche Maßnahme für seinen weiteren Berufsweg erfüllen soll. Ein Verzeichnis der Möglichkeiten, sich im eigenen Berufsfeld zu entwickeln, vereinfacht die Auswahl. Nur wer sein Fortkommen im Job gut plant und sich im Vorfeld in allen Einzelheiten der berufsbegleitenden Ausbildung auseinandersetzt, schafft sich selbst die notwendige Orientierung. Auch über die Dauer und die Kosten der Maßnahme müssen sich Arbeitnehmer in der Planung Klarheit verschaffen. Zeitlicher und finanzieller Aufwand hängen davon ab, ob die Fortbildung in einem Fernlehrgang, einem Präsenzstudium oder einer Mischform aus beiden Modellen absolviert wird. Nicht zuletzt muss die Frage nach dem geplanten Abschluss beantwortet werden. Nicht alle Ausbildungen neben dem Job enden mit einem berufsbildenden Abschluss. Am Ende vieler Studiengänge, vornehmlich an Fernschulen, steht ein qualifizierender Abschluss. Wer sich grundsätzlich mit allen Möglichkeiten des beruflichen Fortkommens durch Bildung auseinandersetzt, für den stehen die Türen in eine befriedigende berufliche Zukunft offen.

BÜROBERUFE - MEHR ALS NUR KOPIEREN

Wer Ausbildungsberufe im Büro nur mit Kopieren und Kaffeekochen verbindet, hat offenbar wichtige Entwicklungen auf dem Arbeitsmarkt verpasst. Kaufmännische und verwaltende Tätigkeiten im Büro bieten ein vielfältiges Aufgabenspektrum mit sehr unterschiedlichen Anspruchsniveaus. Das Problem junger Menschen vor der Berufswahl ist oft, dass sie mit dem Alltag einer Büroarbeit und den Anforderungen an eine Ausbildung in diesem Bereich während ihrer Schulzeit kaum in Berührung gekommen sind. Das Einholen weiterer Informationen ist wichtig, um den geeigneten Ausbildungsberuf zu finden.

Arbeitsamt, Reisebüro oder Versicherung

Anerkannte Ausbildungsberufe im Büro gibt es in vielen Sektoren unserer Wirtschaft, von A wie Fachangestellter für Arbeitsmarktdienstleistungen bis V wie Verwaltungsfachangestellter. Der universelle Ausbildungsberuf für das Büro ist der 2014 neu geschaffene Kaufmann für Büromanagement. Hiermit werden gleich drei alte Berufsbezeichnungen abgelöst, nämlich der klassische Bürokaufmann (oder natürlich die Kauffrau, wir verzichten hier aber wegen der besseren Lesbarkeit auf die Doppelnennung), außerdem der Kaufmann für Bürokommunikation und die auf etwas niedrigerem Niveau angesiedelte Fachkraft für Bürokommunikation.

Gute Noten in Deutsch und Mathematik sollten auf dem Zeugnis stehen, wenn man sich für einen Beruf in Büro und Verwaltung interessiert. Und natürlich darf man mit dem

Computer nicht auf Kriegsfuß stehen, denn ohne automatisierte Datenverarbeitung läuft im Büro heute gar nichts. Wer sich also an der Tastatur und am Telefon wohler fühlt als mit Hammer und Schraubenzieher in der Hand, ist mit einer Büroausbildung auf dem richtigen Weg.

Praktika helfen bei der Ausbildungssuche

Um die Eignung für eine Schreibtischarbeit zu überprüfen und sich einen Überblick über das Berufsbild zu verschaffen, bietet sich ein Praktikum an. Vielleicht arbeiten ältere Verwandte oder Freunde in einem Büro. Dort können Sie sich vorab über die Tätigkeit informieren, und vielleicht stellt das Unternehmen sogar Praktikumsplätze bereit.

Die Büroberufe sind zum Teil hoch spezialisiert. In der Ausbildung wird neben den allgemeinen Kenntnissen betriebs- und volkswirtschaftlicher Zusammenhänge und dem Rechnungswesen deshalb eine sehr umfangreiche Fachkunde vermittelt. Die Ausbildungsdauer beträgt deshalb in der Regel auch drei Jahre, kann aber je nach Vorbildung etwas verkürzt werden. In dieser Zeit erlernen beispielsweise Kaufleute für Versicherungen und Finanzen detaillierte Produktkenntnisse quer durch alle Versicherungszweige sowie vertieftes Wissen im Schaden- und Leistungsmanagement einer Schwerpunktsparte nach Wahl. Ausbildungsstellen dieser Qualität versprechen eine attraktive Karriere, werden meist aber nur an Abiturienten vergeben, um die nötige Vorbildung sicherzustellen. In anderen verwaltenden Berufen hat man aber auch mit einem Real oder Hauptschulabschluss Chancen.

Die Ausbildungsberufe im Büro unterscheiden sich neben den fachlichen Anforderungen auch sehr hinsichtlich des Kundenkontakts. Wer Spaß am Umgang mit Menschen hat und sich vorstellen kann, Kunden direkt zu beraten, findet vielleicht als Kaufmann für Tourismus und Freizeit seinen Traumberuf. Dabei gibt es vielleicht auch die Gelegenheit, selbst ein wenig vor die Türe zu kommen. Die meisten Tätigkeiten im Büro sind aber an einen Schreibtisch-Arbeitsplatz gebunden. Da macht es sich bezahlt, wenn man gut planen und organisieren kann und sich auch von einem ständig klingelnden Telefon nicht aus der Ruhe bringen lässt.

INFOS ÜBER AUSBILDUNGSBERUFE

Es gibt an die 330 anerkannte Ausbildungsberufe in Deutschland. Wer also den Schulabschluss in der Tasche hat, hat die Qual der Wahl. Zentrale Stellen wie das Berufsinformationszentrum der Bundesagentur für Arbeit informieren Jugendliche über die genauen Inhalte der verschiedenen Ausbildungen von A-z. Zunächst aber sollten die späteren Azubis wissen, was überhaupt das Ziel einer Berufsausbildung ist.

Absicht einer jeden Ausbildung

Jede deutsche Berufsausbildung führt schlussendlich zu einer beruflichen Handlungsfähigkeit. Der Auszubildende bekommt in einem geordneten Ausbildungsgang alle theoretischen und praktischen Kenntnisse und Fertigkeiten vermittelt, um eine breitgefächerte Grundbildung des betreffenden Berufes zu erlangen.

Verschiedene Arten der Ausbildung

Dabei gibt es unterschiedliche Varianten. Die meisten verstehen unter dem Begriff Ausbildung die duale Ausbildung. Der praktische Teil findet in einem Unternehmen statt, die Theorie wird in der Berufsschule vermittelt. In der Regel dauert diese Form zwischen zweieinhalb und dreieinhalb Jahren. Je nach Ausbildung werden verschiedene Schulabschlüsse verlangt. Wer einen höher qualifizierten Abschluss in der Tasche hat, kann seine Lehrzeit verkürzen.

Eine andere Variante ist die schulische Ausbildung. In einer privaten oder öffentlichen Berufsschule wird Vollzeitunterricht abgehalten. Natürlich müssen auch alle diese Auszubildenden praktische Erfahrungen sammeln. Es gibt verschiedene Praktika, die in Blöcken wechselnd zur Berufsschule besucht werden. Eine andere Möglichkeit ist ein regelmäßiger Wechsel zwischen Schule und Betrieb. Es werden feste Tage in der Schule verbracht, an den anderen geht der Auszubildende in ein passendes Unternehmen. Ein Paradebeispiel ist der Beruf des Erziehers, in dem der Auszubildende zwischen Berufsschule und Kindergarten pendelt. Eine Ausbildungsvergütung wie in der dualen Ausbildung erhält man in der schulischen Ausbildung nicht.

Wer bereits sein Fachabitur gemacht hat, kann ein duales Studium antreten. Theoretische Grundlagen werden in einer Universität erlangt, praktische Kenntnisse in einem fachlich passenden Unternehmen. Ziel ist eine abgeschlossene Berufsausbildung und ein Bachelorabschluss.

Beliebte Berufe

Die beliebtesten Ausbildungsberufe in Deutschland ähneln sich von Jahr zu Jahr. Bei den männlichen Schulabsolventen liegt der Kraftfahrzeugmechatroniker auf Platz eins. Junge Frauen bewerben sich besonders häufig als Kauffrau für Büromanagement. Auch vorne dabei sind Kaufmann bzw. Kauffrau im Einzelhandel und im Groß- und Außenhandel sowie Industriekaufmann und Industriekauffrau.

Vergütung

Das Gehalt in der Ausbildung variiert von Branche zu Branche und von Betrieb zu Betrieb sowie von Region zu Region. Fest steht nur, dass es mit jedem Ausbildungsjahr steigt. Natürlich gibt es Berufe, in denen man während der Ausbildung generell gut verdient, während man in anderen zumeist deutlich weniger bekommt. Floristen und Friseure kommen durchweg schlechter weg, als Industriemechaniker und Maurer. Die Wahl der Ausbildung sollte dennoch nicht in erster Linie nach der Ausbildungsvergütung getroffen werden. Neben dem Aspekt, dass die Ausbildung Spaß machen muss, darf man einen Blick auf die Zukunftsperspektive des künftigen Jobs nicht vergessen.

AUSBILDUNGEN JETZT NOCH SCHNELL FINDEN

Eine Ausbildung zu finden gelingt am besten in drei Phasen. Zunächst macht man sich bewusst, welche Vorstellungen und Erwartungen man an den Job hat. Dazu ist es von Vorteil die eigenen Neigungen und Interessen zu eruieren. Überlegen Sie, ob Sie eine technische Begabung haben oder Ihnen soziales Engagement, wirtschaftliche Aspekte oder medizinische Fragestellungen mehr zusagen. Kann sich der angehende Azubi gut vorstellen, mit Kindern zusammenzuarbeiten, empfiehlt sich eine Ausbildung zum Kinderpfleger oder Erzieher. Schätzt er oder sie es sich körperlich viel zu bewegen, ist einer der Handwerksberufe sicherlich genau das Richtige. Menschen, die lieber am Schreibtisch sitzen als mit ihren Händen zu arbeiten, fühlen sich hingegen in einem Büro oder bei einem Amt gut aufgehoben.

Ist man sich schlussendlich über die eigenen Kompetenzen klar geworden, erfolgt die zweite Phase der Ausbildungssuche: der Blick auf das Stellenangebot. Dazu kann sowohl das Internet, wie auch die regionale Tageszeitung herangezogen werden. Gerade wer kurz vor dem Beginn des Ausbildungsjahres noch auf der Suche nach einer Stelle ist, wird auf Online-Portalen schnell fündig. Jetzt kommt es darauf an, sich einen Überblick über den Stellenmarkt zu verschaffen. Wird überhaupt ein Ausbildungsplatz in jener Branche angeboten, für die sich interessiert wird? Wie weit liegen die Betriebe vom Wohnort entfernt, bei denen man die Traum-Ausbildung absolvieren könnte? Weil der Arbeitsmarkt nicht immer allen Wunschvorstellungen gerecht werden kann, sei Ihnen ans

Herz gelegt sich stets eine Alternative zu überlegen. Dieser Plan B sorgt für ein beruhigendes Gefühl und schützt vor der herben Enttäuschung, ist die gewünschte Stelle nicht verfügbar.

Bewerben und vorstellen

Wer eine Ausbildung finden will, hat sich gut zu verkaufen. Gefällt dem angehenden Azubi ein Stellenangebot, so sollte er oder sie sich auch umgehend darauf bewerben. Die meisten Unternehmen geben in ihren Anzeigen genaue Anweisungen, wie die Bewerbung auszusehen hat. Halten Sie sich unbedingt an diese Vorschriften. Wird verlangt sich schriftlich per Post und in Form einer klassischen Bewerbungsmappe zu präsentieren, hilft es wenig eine E-Mail zu schicken. Umgekehrt gilt dies natürlich genauso. Unabhängig davon ob die Bewerbung analog oder digital abläuft, muss darauf geachtet werden, dass sie ordentlich aussieht und sämtliche Angaben darin der Wahrheit entsprechen. Das anschließende Bewerbungsgespräch hält sowohl für den Betrieb als auch für den Bewerber die Möglichkeit bereit, Fragen zu klären und sich ein genaues Bild zu machen. Bei vielen Ausbildungen wird vorab auch ein Praktikum absolviert, um sicher zu gehen, dass der angestrebte Beruf auch wirklich der richtige ist. Gefällt Ihnen, was sie beim Vorstellungsgespräch hören und im Praktikum erleben, dürfen Sie sich freuen. Der Arbeitgeber wird Ihr Interesse bemerken und Ihnen mit etwas Glück einen Vertrag vorlegen.

WELCHE AUSBILDUNGSBERUFE PASSEN ZU MIR?

Grundsätzlich sollte man immer versuchen einen Ausbildungsberuf zu finden, der den eigenen Interessen und Fähigkeiten entspricht. Die eigenen Stärken und Talente klar zu definieren, fällt nicht immer leicht. Hilfreich können die in der Schule durchgeführten Maßnahmen zur Berufsorientierung sein. Potenzialchecks und

Berufsberatungsangebote von der Agentur für Arbeit oder anderen Anbietern können die eigene Einschätzung unterstreichen oder neue Perspektiven eröffnen. Die ehrliche Beantwortung der Fragen ist bei diesen Tests maßgeblich für ein aussagekräftiges Ergebnis. Grobe Tendenzen, die angeben, ob man lieber kaufmännische Tätigkeiten oder Tierberufe in Betracht ziehen sollte, lassen sich aus diesen Checks meist zuverlässig ablesen.

Ist das Berufsfeld etwas näher eingegrenzt, sollte man sich mit den konkreteren Tätigkeiten in diesem Bereich detaillierter auseinandersetzen. Auch hierzu bieten viele Ausbildungsportale eine Liste aller in Deutschland anerkannten Berufsausbildungen an. Weitere Informationen liefern regelmäßig stattfindende Messen zu Ausbildung und Studium. Diese bieten eine gute Gelegenheit, um mit Ausbildern ins Gespräch zu kommen, um sich Anregungen zu holen oder ein Schnupperpraktikum zu vereinbaren. Außerdem sollten Freunde und Verwandte über ihre Berufe befragt werden. Mit ihren Erfahrungen können sie wertvolle Tipps liefern, um den richtigen Ausbildungsberuf zu finden. Persönliche Hobbys sollten auch mit in die Überlegungen einbezogen werden, manchmal lassen sich so passende Ausbildungsberufe finden. Ein ambitionierter Sportler, der seit vielen Jahren im Verein aktiv ist, und bei der Organisation von Sportveranstaltungen regelmäßig ehrenamtlich mithilft, könnte beispielsweise eine Ausbildung zum Sportfachmann anstreben. Wer seinen Mannschaftssport lieber als Freizeitaktivität und Ausgleich zum Beruf beibehalten möchte, sollte nach Möglichkeit keinen Beruf mit klassischem Schichtdienst anstreben, da das Hobby sonst wahrscheinlich nach kurzer Zeit auf der Strecke bleiben wird.

Viele Wege führen zum Traumberuf

Man sollte sich nicht zu sehr auf eine exakte Ausbildung festlegen, sondern auch Alternativen in Erwägung ziehen, falls zum Zeitpunkt der Suche keine passenden

Ausbildungsangebote zur Verfügung stehen oder die Zulassungsvoraussetzungen nicht vollständig erfüllt werden können. Eine artverwandte Ausbildung könnte als erster Schritt absolviert werden und später durch eine berufsbegleitende Weiterbildung mit weiteren Qualifikationen ergänzt werden, um letztendlich zu dem ursprünglich gewünschten Traumberuf zu gelangen. Auch geeignete Studienplätze sind manchmal schwer zu bekommen. Alternativ lässt sich ein Ausbildungsberuf finden, der einen praxisorientierten Start ins Berufsleben ermöglicht und eine gute Basis für ein späteres Studium liefert. Wer sich nicht entscheiden kann, ob Studium oder Ausbildung die richtige Wahl ist, kann ein duales Studium in Angriff nehmen und beides verwirklichen. Ein freiwilliges soziales Jahr kann als gute Basis für den Start in eine erfolgreiche Ausbildung dienen.

WIE FINDE ICH DEN RICHTIGEN AUSBILDUNGSBERUF?

Die richtige Ausbildung zu finden, ist angesichts mehr als dreihundert anerkannter Ausbildungsberufe in Deutschland gar nicht so einfach. Hinzu kommt, dass viele der Berufsbilder Wahlmöglichkeiten in Form von Fachrichtungen oder Schwerpunkten aufweisen. Die allgemeinbildenden Schulen können auf die Anforderungen, die die Berufswahl an junge Menschen stellt, nur in sehr begrenztem Umfang reagieren. Hier ist Eigeninitiative gefragt.

Neigungen und Fähigkeiten testen

Das Arbeiten mit Pinsel und Farbe, mit Hammer und Schraubenschlüssel mag für manchen handwerklich begabten Menschen ein Traum sein, für einen Schreibtischtäter wäre es der Albtraum. Wer gern unter freiem Himmel arbeitet und wem Regen und Kälte nichts ausmachen, ist in einem Büro fehl am Platz. Aktuelle technische Berufe erfordern ein hohes Maß an Verständnis für Kommunikations und Informationstechnologie Im Internet gibt es eine Menge

Testmöglichkeiten, online und ohne Anmeldung die richtige Ausbildung zu finden. Aus den eigenen Interessen und Stärken werden Vorschläge in Form einer Liste möglicher Ausbildungsberufe zusammengestellt.

Über weitergehende Links haben Sie die Chance, sich über die jeweiligen Berufsbilder eingehend zu informieren. Dabei werden vermutlich einige Träume zerplatzen, denn Traumberufe der Kindheit sehen in der Realität deutlich anders aus. Umso wichtiger ist es, vor der Unterschrift unter einen Ausbildungsvertrag zu wissen, was auf Sie zukommt. Ein Ausbildungsabbruch kostet Zeit und macht auch im Lebenslauf keinen guten Eindruck. Hinzu kommt, dass der Betrieb die Stelle unterjährig möglicherweise nicht mehr neu besetzen kann.

Umgekehrt ist es genauso wichtig, dass Sie sich nicht zu starr auf einen Beruf fixieren. Jedes Jahr bleiben Lehrstellen unbesetzt, andererseits finden Schulabgänger keine Ausbildung. Wer ein wenig links und rechts schaut, wird in einem verwandten Berufsbild eine freie Stelle in seiner Region finden. Wer eigentlich bei einer Bank lernen wollte, wird vielleicht auch bei einer Versicherung zufrieden sein. Und wer sich für den Beruf des Maurers interessiert, kann seine Fähigkeiten auch als Beton- und Stahlbauer nutzbringend einsetzen.

Lehrstellenbörsen und Praktika nutzen

Das theoretische Wissen über die verschiedenen Berufsbilder ist nun vorhanden. Aber wie finde ich die richtige Ausbildung in der Praxis? Die besten Chancen, Kontakte zu knüpfen, bieten regionale Ausbildungsmessen, die meist zu Beginn des Jahres angeboten werden, wenn sich viele Schulabgänger bewerben. Hier kommt man mit Vertretern der regionalen Wirtschaft, Personalchefs, Verantwortlichen für das Ausbildungswesen und Mitarbeitern bzw. Auszubildenden der Betriebe vor Ort ins Gespräch. Offene Fragen kann man sofort klären und dabei überprüfen, ob das aus den Informationen im Internet gewonnene Wissen mit der betrieblichen Wirklichkeit übereinstimmt.

Speziell für handwerkliche und soziale Berufe ist es dringend nötig, ein Praktikum zu vereinbaren, um die richtige Ausbildung zu finden. In der Praktikumszeit können Sie ausprobieren, ob Ihnen die Holzbearbeitung in einer professionellen Werkstatt genau so leicht von der Hand geht, wie Sie es aus dem Hobbykeller gewohnt sind. Sie erfahren, ob Sie in einem anstrengenden Beruf als Kranken- oder Altenpfleger den körperlichen und psychischen Belastungen gewachsen sind. Zwar ist eine Ausbildung heute nicht mehr unbedingt eine Entscheidung für das ganze Leben, aber wichtige Weichen werden in die richtige Richtung gestellt.

WER INFORMIERT ÜBER AUSBILDUNGSMÖGLICHKEITEN?

Wenn der Schulabschluss näher rückt ist es höchste Zeit, sich zu seiner gewünschten Ausbildung Info-Material einzuholen. Zunächst steht die Frage an, welche Art der Ausbildung Sie anstreben. Je nach Wunschberuf und Abschluss können Sie eine schulische Ausbildung, ein duales Studium, eine Abiturientenausbildung, eine assistierte Ausbildung und andere spezielle Ausbildungen machen. Die bekannteste Variante ist jedoch die duale Ausbildung. Infos dazu erhalten Sie über verschiedene Wege.

Berufsinformationszentrum

Das Berufsinformationszentrum der Bundesagentur für Arbeit bietet jungen Menschen nicht nur eine umfangreiche Beschreibung der verschiedenen Ausbildungsarten. Sie erfahren dort auch Genaueres zu den einzelnen Berufen. Wenn Sie Ihren Traumberuf noch nicht gefunden haben, können Sie in einem Test Ihre Fähigkeiten und Interessen mit den verschiedenen Berufsfeldern abgleichen. Daraus ergibt sich eine Auswahl an Jobs, die gut zu Ihnen passen könnte. Sie suchen eine konkrete Information zum Thema Bewerbungsunterlagen oder Bewerbungsgespräch? Auch dabei hilft man Ihnen weiter.

Internet - spezielle Portale für Auszubildende

Natürlich bietet das Internet eine umfangreiche Bandbreite an Informationen zum Thema Ausbildung. Besonders lohnenswert ist der Besuch einiger guter Portale, die speziell für werdende Berufseinsteiger gedacht sind. Auf Fragen zum Thema Aufgabenfelder, Verdienst- und Zukunftsmöglichkeiten und schulischer Ablauf der Ausbildung erhalten Sie Antworten. Manchmal besteht die Möglichkeit, sich in angegliederten Foren auszutauschen. Auch das Berufsinformationszentrum der Arbeitsagentur ist online vertreten und bietet dort umfassende Informationen zu allen staatlich anerkannten Ausbildungsberufen an.

Ausbildungsmessen und Infotage

Ausbildungsmessen sind eine tolle Gelegenheit, viele unterschiedliche Berufsfelder näher zu betrachten. Sie finden regelmäßig in den meisten größeren Städten statt. Nehmen auch regionale Unternehmen teil, erfahren Sie, welche Ausbildungen in Ihrer Nähe möglich sind. Besonders interessant ist es, wenn Azubis selber Rede und Antwort stehen. In einem persönlichen Gespräch in unverbindlicher Umgebung klären sich viele Fragen meist von alleine. Nehmen Sie über jede interessante Ausbildung Info-Broschüren mit, um zu Hause in Ruhe Ihre Eindrücke Revue passieren zu lassen. Jedes Jahr im April findet bundesweit der Girl´s und Boy´s Day statt, an dem viele Unternehmen Schülern die Möglichkeit geben, in die Betriebe reinzuschnuppern. Auch das ist eine gute Option, verschiedene Ausbildungen kennenzulernen.

Gerade größere Unternehmen öffnen einmal jährlich ihre Tore, um Kunden, Lieferanten und Geschäftspartnern den Betrieb zu präsentieren. Darüber hinaus sind auch junge Menschen gerne gesehen, die sich für die Ausbildungsmöglichkeiten vor Ort interessieren. Nutzen Sie die Chance, mit den Mitarbeitern zu sprechen, die Arbeitsräume anzusehen und Fragen zu stellen. Im besten Fall ergibt sich im persönlichen Gespräch die Gelegenheit, nach einem Praktikum zu fragen. Haben Sie keine Hemmungen, Eigeninitiative sehen die meisten Arbeitgeber gerne. Vielleicht wird aus einem Praktikumsplatz sogar eine Ausbildungsstelle.

ONLINE-AUSBILDUNG: VIRTUELLES LERNEN IM PRIVATEN UMFELD

Eine Online-Ausbildung ist für Menschen mit besonderen Bedürfnissen oder in speziellen Lebenssituationen oft die einzige Möglichkeit, einen Ausbildungsberuf zu finden und einen Abschluss in einem anerkannten Beruf zu erwerben. Was im Bereich der Weiterbildung in Form von Fernstudiengängen bereits etabliert ist, ist im Ausbildungsbereich immer noch die Ausnahme. Dennoch gibt es viele Berufe, die grundsätzlich geeignet sind, eine Ausbildung online zu absolvieren.

Schnelles Internet macht Online-Zusammenarbeit möglich

Im Zeitalter von Videokonferenzen und privaten Skype-Telefonaten dürfte es in den meisten Gegenden Deutschlands kein Problem sein, Ausbilder und Auszubildende, Lehrer und Berufsschüler zu virtuellen Lerngruppen und Klassenzimmern zusammenzuschalten. Auf diese Weise werden Zielgruppen erreicht, für die eine betriebliche Ausbildung nicht oder nur mit unzumutbarem Aufwand zu realisieren wäre. Das sind nicht nur Menschen mit Behinderungen. Auch derjenige, der sich zu Hause um kleine Kinder oder pflegebedürftige Angehörige kümmern muss, wird mit einer Ausbildungsstelle in Vollzeit überfordert sein. Eine Online-Ausbildung bietet zwar keine so freie Zeiteinteilung wie ein Fernstudium, bei dem man die Lektionen zu beliebiger Tageszeit und auch abends durchgehen kann, aber zumindest fallen die Arbeitswege weg. Für viele, die einen beruflichen Wiedereinstieg oder den Erwerb einer Qualifikation für den ersten Arbeitsmarkt suchen, ist damit eine entscheidende Hürde beseitigt.

Die Online-Ausbildung wird von staatlich anerkannten Bildungseinrichtungen außerbetrieblich durchgeführt. Naturgemäß erfordert das gewisse Kompromisse, weil das betriebliche Umfeld fehlt. Insgesamt gelten aber dieselben Bedingungen für die Ausbildungsinhalte und den Rahmenlehrplan der Berufsschule, wie sie auch in einer klassischen dualen Ausbildung Anwendung finden. Auch die Prüfungsanforderungen sind identisch, wobei Nachteile, die durch eine Behinderung entstehen, in der Prüfung ausgeglichen werden. Das kann etwa durch verlängerte Prüfungszeit oder eine sogenannte assistierte Prüfung geschehen. Dabei liest ein Helfer die Prüfungsaufgaben vor, wenn zum Beispiel eine Sehschwäche vorliegt, oder eine dritte Person schreibt die Antworten auf, wenn der Prüfling dazu selbst nicht in der Lage ist.

Mehr Berufe, als man denkt

Für eine Online-Ausbildung eignen sich mehr Berufe, als man im ersten Moment denken mag. Viele gibt es natürlich im Bereich der kaufmännischen und verwaltenden Tätigkeiten. Als Kauffrau oder Kaufmann für Büromanagement sind Arbeitnehmer bereits heute an einem Telearbeitsplatz von Zuhause aktiv. Warum sollten also die Ausbildungsinhalte nicht auch mittels E-Learning vermittelbar sein?

Eine Kooperation mit Unternehmen vor Ort ermöglicht es dem Auszubildenden, neben dem Lernen in virtuellen Gruppen auch nach seinen Möglichkeiten Teile des Prüfungswissens in einer Präsenzausbildung zu erwerben. Diese Option ist besonders für handwerkliche und technische Berufe wie Kfz-Mechatroniker oder Metallfeinbearbeiter von Bedeutung. Hier geht es nicht um körperlich anstrengendes Arbeiten, sondern um Tätigkeiten, die Geschick erfordern, teilweise aber auch bereits mit Computereinsatz erledigt werden. Die Kombination von Online-Inhalten und praktischen Elementen verhelfen hier auch Menschen mit besonderem Förderbedarf zu einem qualifizierten Abschluss.

STAATLICH ANERKANNTE AUSBILDUNGSBERUFE

Es gibt in Deutschland etwa 350 staatlich anerkannte Ausbildungsberufe. Für diese Berufe gibt es Ausbildungsordnungen, die einheitliche Qualitätsstandards für das duale Ausbildungssystem sicherstellen sollen. Somit sind sowohl die Berufsschulen als auch die Ausbildungsbetriebe an diese Regelungen gebunden. Auch die Rechte und Pflichten des Azubis sind darin verankert. Ein nicht anerkannter Ausbildungsberuf kann von Jugendlichen unter 18 Jahren nur unter bestimmten Bedingungen erlernt werden. Da sich die Berufswelt in einem ständigen Wandel befindet, neue Berufe beispielsweise durch neue technische Entwicklungen entstehen oder andere Tätigkeiten aktuell nicht mehr benötigt werden, müssen auch die Ausbildungsordnungen regelmäßig angepasst werden. Daher liegen für manche Berufe noch keine Ausbildungsordnungen vor, oder die veralteten werden nicht mehr aktualisiert. Manche Tätigkeiten sind auch sehr speziell. Das hat zur Folge, dass diese Berufsausbildungen nicht anerkannt sind.

Nicht anerkannte Ausbildungen sind notwendig und sinnvoll und keineswegs minderwertiger als staatlich anerkannte Ausbildungsberufe. Vor einigen Jahren ist beispielsweise die Informationstechnologie vehement in die Arbeitswelt eingezogen, sodass dem Fachkräftemangel schnell und unkompliziert entgegengewirkt werden musste. Die Unternehmen haben das notwendige Fachpersonal entsprechend ihren individuellen Anforderungen eingearbeitet. Die Auszubildenden wurden von erfahrenem Personal angeleitet und konnten an innerbetrieblichen und externen Schulungen teilnehmen und Zertifikate erwerben. So schnell konnten weder Berufsbilder definiert noch Ausbildungsordnungen erlassen werden.

Damit die Auszubildenden gut auf die spätere Arbeitswelt vorbereitet werden können, müssen die Ausbildungsinhalte den Anforderungen des Arbeitsmarktes entsprechen. Daher werden die Ausbildungsordnungen vom Bundesinstitut für Berufsbildung in Zusammenarbeit mit Vertretern der Arbeitgeber- und Arbeitnehmerverbände sowie der Kultusministerien erarbeitet. Auf diese Weise sollen die Interessen aller Beteiligten mit einbezogen werden, um wettbewerbsfähige Ausbildungsstandards auch über die Grenzen Deutschlands hinweg sicherzustellen. Da alle Betroffenen in die Gestaltung dieser Regelungen bezüglich Dauer, Ziele, Inhalte und Anforderungen mit einbezogen werden, ist davon auszugehen, dass sie auch in der Praxis Akzeptanz finden.

Alle Berufsausbildungen in einer Liste zusammengestellt

Verschiedene Ausbildungsportale veröffentlichen regelmäßig eine Liste aller in Deutschland zur Verfügung stehenden Ausbildungsberufe. Diese sind entweder alphabetisch sortiert oder nach Berufsfeldern gruppiert. Wer beispielsweise eine kaufmännische Lehre absolvieren möchte, kann sich die infrage kommenden Berufe ansehen und den dazugehörigen Steckbriefen entnehmen, wie die Tätigkeiten konkret aussehen, mit welcher Ausbildungsvergütung zu rechnen ist, ob Abitur benötigt wird, wie lang die Ausbildung dauert und auch welche persönlichen Voraussetzungen oder Interessen für diesen Beruf von Bedeutung sind. Auf dem Portal der

Agentur für Arbeit wird jeweils auch mit angegeben, ob es sich um staatlich anerkannte Ausbildungsberufe handelt.

KOMMUNALE AUSBILDUNG: VIEL MEHR ALS STADTVERWALTUNG

Wer sich für eine Ausbildung bei der Stadt interessiert, denkt vermutlich zunächst an die Stadtverwaltung, also an einen Büroberuf. Aber die Städte und Gemeinden haben viel mehr zu bieten als eine Ausbildung im Verwaltungsbereich. Kommunale Betriebe offerieren eine lange Liste anerkannter Ausbildungsberufe vom Gärtner bis zum Fachinformatiker.

Schwerpunkt Verwaltungsfachangestellte

Die meisten städtischen Bediensteten sind in der Verwaltung beschäftigt. Deshalb ist auch die dreijährige Ausbildung bei der Stadt zum Verwaltungsfachangestellten der Beruf, in dem die höchste Zahl von Ausbildungsmöglichkeiten vorhanden ist. Gute Kenntnisse der deutschen Sprache, eine Affinität zu Zahlen und Statistiken und die Fähigkeit, Problemstellungen zu analysieren, sind ebenso wichtig wie kundenorientiertes Arbeiten und Auftreten, denn die Verwaltung will Service für ihre Bürger bieten. Für eine erfolgreiche Bewerbung muss man kein Abiturzeugnis vorweisen. Mit einem Real- oder guten Hauptschulabschluss hat man durchaus Chancen, kommunale Ausbildungsbetriebe zu finden.

Interessant ist die Tätigkeit im öffentlichen Dienst wegen der relativen Sicherheit des Arbeitsplatzes und wegen der schon in der Ausbildung recht guten Bezahlung. Viele Städte und Gemeinden bieten die Ausbildung auch in Kombination mit einem Studium für den gehobenen allgemeinen Verwaltungsdienst an. Die Studenten werden auf eine Karriere bis zur mittleren Führungsebene vorbereitet, also etwa in der Position eines Teamleiters. Aufstiegsmöglichkeiten in den höheren Dienst sind durchaus vorhanden.

Wer sich nach einer Ausbildung in der Verwaltung für eine Weiterbildung interessiert, findet entsprechende Möglichkeiten in einem berufsbegleitenden Studium zum Verwaltungsfachwirt. Arbeit gibt es für die spezialisierten Fachwirte mehr als genug, zum Beispiel im Bereich der Jobcenter oder im Asylrecht.

Handwerkliche und technische Berufe bei der Stadt

Keine Lust auf einen Bürojob? Wer eher draußen als am Schreibtisch seine Berufung sieht, findet in den kommunalen Eigenbetrieben eine Vielzahl spannender Ausbildungsgänge. Gärtner und Forstwirte werden von den Grünflächenämtern der Städte gesucht. Auch der recht neue Beruf des Geomatikers verspricht einiges an frischer Luft. Hier werden die Aufgaben zusammengeführt, die früher bei Kartografen und Vermessungstechnikern angesiedelt waren. Allerdings werden viele Arbeiten heute nicht mehr vor Ort erledigt, sondern zum Beispiel durch satellitengestützte Fernerkundung und damit am Computer.

Eine ganze Reihe weiterer marktgängiger Berufe kann man in einer Ausbildung bei der Stadt erlernen. Wer Müllautos, Schneepflüge oder die städtische Busflotte in Ordnung bringen will, lernt Kfz-Mechatroniker für Nutzfahrzeuge. Wer die städtischen Angestellten und Beamten mit einem guten Essen bei Laune halten möchte, macht eine Ausbildung als Köchin oder Koch. Auch Tischler, Fotografen und Bibliothekare werden in den Kommunen ausgebildet. Der Vorteil breit angelegter Ausbildungsgänge besteht vor allem darin, dass man nicht auf eine Stadt- oder Gemeindeverwaltung als Arbeitgeber festgelegt ist. Vielleicht ergibt sich nach Ausbildungsende eine attraktive Möglichkeit zum Wechsel in die freie Wirtschaft.

AUSBILDUNG ODER STUDIUM?

Zwischen Ausbildung und Studium zu entscheiden, ist für viele junge Menschen kurz vor dem Schulabschluss nicht ganz einfach. Eine Woche Praktikum im Betrieb kann ebenso wenig einen Eindruck von den Ausbildungschancen und den Anforderungen an die Berufsausbildung vermitteln, wie ein Schnuppertag an der Hochschule auf ein Studium vorbereitet. Unternehmen stehen vor dem Hintergrund eines drohenden Mangels an Fachkräften und den Herausforderungen einer komplexen, digitalisierten Wirtschaft im Wettbewerb mit den Universitäten um die fähigsten Schulabgänger eines Jahrgangs.

Duale Ausbildung und Studium ergänzen sich hervorragend

Dabei stehen Ausbildung und Studium überhaupt nicht im Widerspruch zueinander. Viele große Unternehmen bieten mit dem integrierten Studium Ausbildungsmöglichkeiten, mit denen beide Seiten nur gewinnen. Während in der klassischen dualen Ausbildung die theoretischen Grundlagen des Ausbildungsberufs an der Berufsschule unterrichtet werden, absolvieren die integrierten Studenten parallel zur betrieblichen Ausbildung einen Bachelor-Studiengang. Das für die Zwischenprüfung und die spätere Abschlussprüfung nötige Fachwissen wird zudem in speziellen Prüfungsvorbereitungskursen vermittelt.

Mit dem Angebot eines integrierten Studiums gewinnt der Ausbildungsbetrieb auch solche Bewerber, die sich ansonsten für ein reines Hochschulstudium entschieden hätten. Diese besonders qualifizierten und motivierten Azubi-Studenten freuen sich über selbst verdientes Geld, die Ausbildungsvergütung, und darüber, dass der Arbeitgeber üblicherweise alle Kosten des Studiums trägt. Sie können sich also ganz auf das Studieren konzentrieren und müssen sich nicht um Nebenjobs oder oft unbezahlte Praktika kümmern, die für den Studienabschluss erforderlich sind.

Zeitlich gesehen verlängert das Bachelor-Studium die Ausbildung nur unwesentlich. In einem Beruf mit dreijähriger Ausbildungsdauer kann zum Beispiel die Ausbildungsdauer wegen der schulischen Vorbildung der Azubis auf zweieinhalb Jahre verkürzt werden. Nach der Abschlussprüfung hängt der Student noch ein oder zwei Semester an, schreibt seine Bachelor-Arbeit und hat nach rund drei Jahren nicht nur die Berufsausbildung, sondern auch ein Hochschuldiplom in der Tasche.

Studienabbrecher willkommen

Wer nach zwei oder drei Semestern merkt, dass er sich mit einem Hochschulstudium falsch entschieden hat, sollte nicht zögern, seine Entscheidung zu korrigieren. Studienabbrecher sind keine Versager. Im Gegenteil, Arbeitgeber schätzen diese Zielgruppe als besonders motiviert, an Weiterbildung interessiert und zudem sehr loyal.

Eine Ausbildung nach Abbruch eines Studiums kann den ursprünglich angestrebten Berufsweg durchaus konsequent fortsetzen. Wer mit einem Mathematikstudium nicht klar gekommen ist, vielleicht weil die Studieninhalte allzu theoretisch waren, wird vielleicht die kaufmännische Ausbildung bei einem Lebensversicherer schätzen, weil er hier die praktische Anwendung der Mathematik kennen lernt und sein Interesse an Zahlenwelten in die richtigen Bahnen gelenkt wird. Vielleicht hatte der Studienabbruch aber auch ganz einfach finanzielle Gründe, etwa weil eine Unterstützung aus dem Elternhaus nicht möglich war. Eine Ausbildung mit berufsbegleitendem Studium bedeutet hier die passende Lösung, weil der Azubi sein eigenes Geld verdient.

AUSBILDUNG ALS TECHNIKER HAT ZUKUNFT

Neben Tätigkeiten im kaufmännischen Bereich zählen technische Ausbildungsberufe zu den am meisten gefragten Berufen in Deutschland. Unter den jedes Jahr abgeschlossenen Ausbildungsverträgen wird circa jeder fünfte für einen Beruf mit dem Schwerpunkt Technik abgeschlossen. Technische Ausbildungsberufe werden in der Hauptsache im Handwerk und in der Industrie angeboten. Aber auch in der Landwirtschaft und im öffentlichen Dienst werden jedes Jahr Techniker ausgebildet.

Voraussetzung für eine technische Ausbildung

Wer nach der Schule eine technische Ausbildung absolvieren möchte, sollte möglichst einen Realschulabschluss vorweisen können. Auch mit einem Abitur stehen die Türen zum Traumberuf offen. Gute Noten in den Fächern Mathematik, Physik und im praktischen Unterricht Werken gehören selbstverständlich zu den Voraussetzungen. Überhaupt ist technisches Verständnis wichtig. Jugendliche, die gern basteln und werkeln und sich für technische Zusammenhänge interessieren, haben hervorragende Chancen, technische Ausbildungsberufe zu erlernen. Interessieren sie sich für Anlagen und Geräte, können sie sich vorstellen, wie eine Maschine funktioniert und welche Vorgänge in einem Kraftwerk ablaufen, zeugt dies von einem guten Gespür für moderne Technik. Auch Jugendliche, die ausgezeichnet mit Computern umgehen können, sollten über eine berufliche Zukunft im technischen Bereich nachdenken. Neben der technischen Begabung und dem guten für komplizierte technische Zusammenhänge und ein handwerkliches Geschick gehören gute Englischkenntnisse zur Grundausstattung. Denn Dokumentationen und Anleitungen sind meist in Englisch geschrieben. Stimmen alle Voraussetzungen, stehen die Chance auf eine Karriere in einem technischen Ausbildungsberuf gut. Das gilt übrigens nicht nur für Jungen. Auch viele Mädchen haben gute Möglichkeiten, eine technische Ausbildung zu machen.

Die Ausbildung in einem technischen Berufen findet auf dualem Weg statt. Das bedeutet, dass der Auszubildende die praktische Seite seines zukünftigen Berufs in einem Betrieb kennenlernt und parallel dazu eine Berufsschule besucht. Anlagenmechaniker zum Beispiel lernen die praktische Seite ihres Jobs in Unternehmen in der Metallindustrie kennen. Sie werden aber auch in anderen Betrieben, wie in zum Beispiel in Unternehmen des Elektroanlagenbaus, in Verkehrsbetrieben oder in Wasser-, Gas- und Elektrizitätswerke ausgebildet. Für den Ausbildungsbetrieb entscheidet sich der Auszubildende selber. Welches Unternehmen er wählt, hängt von seinen Interessen aber auch vom Angebot ab.

Technische Ausbildungen gibt es auch in Berufen, die nichts mit großen Maschinen zu tun haben. Ein Zerspanungsmechaniker etwa hat es bis ins Detail mit unterschiedlich großen Werkstücken zu tun und gibt diesen den letzten Schliff. Zur Ausbildung gehören Stanzen, Bohren und Schweißen sowie das Erstellen technischer Zeichnungen. Oberstes Gebot ist hier Exaktheit. Ein Präzisionsmechaniker wiederum lernt seinen zukünftigen Beruf im Maschinen- oder im Fahrzeugbau aber auch im Metallbau oder im Baugewerbe. Veranstaltungstechniker wiederum sind Experte für den Aufbau und Abbau von Bühnen oder für Lichttechnik.

Mechatroniker als beliebtes Berufsbild

Einer der bekanntesten und beliebtesten technischen Ausbildungsberufe ist der des Mechatronikers. In diesem Beruf, bei dem es sich um einen staatlich anerkannten Ausbildungsberuf handelt, ist man sowohl Mechaniker als auch Elektroniker und übernimmt Aufgaben aus beiden Bereichen,sowie der Informationstechnik. Ein Arbeitnehmer mit der Ausbildung zum Mechatroniker installiert und baut mechatronische Geräte. Auch deren Wartung gehört zum

Aufgabenfeld. Mechatronische Systeme findet man in Haushaltsgeräten, wie etwa Waschmaschinen, aber auch in Zügen, Röntgengeräten oder großen Anlagen. Die Ausbildung zum Machatroniker umfasst unter anderem das Planen und das Steuern von Arbeitsabläufen, das Installieren von Komponenten und Baugruppen sowie von Hard- und Software, das Zusammenfügen von Baugruppen, Maschinen und Systemen.

Gute Karrierechancen

Technische Ausbildungsberufe bieten viele Chancen, im weiteren Verlauf des Berufslebens die Karriereleiter zu erklimmen. Denkbar ist die Weiterbildung zum Meister oder zum staatlich geprüften Techniker. Dafür ist der Besuch einer staatlichen oder einer privaten Fachschule nötig. Um dort das nötige Rüstzeug für einen weiterführenden Weg erwerben zu können, sind bereits berufliche Erfahrungen eine der Voraussetzungen. In rund 60 Fachrichtungen ist die so genannte Aufstiegsweiterbildung zu einem staatlich geprüften technischen Experten möglich. Nach bestandener Prüfung können die Fachleute dann im mittleren Management einer Firma in den zahlreichen Branchen der Industrie und des Handwerks arbeiten.

AUSBILDUNGEN IN DER ÜBERSICHT

Schulabgänger, die demnächst ins Berufsleben starten, aber noch nicht wissen, welche Branche die richtige ist, werden auf Onlineportalen fündig, die sämtliche Ausbildungsberufe in einer Übersicht von A bis Z darstellen. Das spart Zeit und mühsames Broschürensammeln bei der Ausbildungsmesse oder dem Arbeitsamt. Je nach Seitengestaltung können die Berufsbilder nach Fachrichtung, benötigtem Schulabschluss oder Lehrlingsgehalt sortiert werden. Einige Berufsorientierungsportale bieten dem Nutzer darüber hinaus Tests und Tipps, mit denen er seine Stärke herausfinden und eine chancenreiche Bewerbung verfassen kann.

In Deutschland gibt es weit mehr als 400 Ausbildungsberufe. Sich hier zu orientieren fällt vielen Schülern schwer. Online-Stellenbörsen und Beratungsportale sind ein guter Einstieg in die Vielzahl an Ausbildungsmöglichkeiten, ganz unabhängig davon, ob der Nutzer gerade die Hauptschule beendet hat oder mit dem Abitur in der Tasche ein Studium anstrebt. Neben einer alphabetischen Sortierung erlauben die meisten Ausbildungsbörsen nämlich auch die Listung nach Schulabschluss. Abiturienten und Realschülern stehen hierbei die meisten Berufe offen. Hauptschüler hingegen haben es oft schwerer eine Ausbildungsstelle zu finden.

Liste mit allen Ausbildungsberufen

Zum einen gibt es bestimmte Berufsfelder wie den öffentlichen Dienst, für die ein höherer Schulabschluss zwingend Voraussetzung ist. Zum anderen gibt es viele Betriebe, die sich im Zweifelsfall für den Bewerber mit höherwertigem Abschluss entscheiden. Wer mit Hauptschulabschluss auf Ausbildungssuche geht, sollte also gute Noten und eine ansprechend gestaltete Bewerbungsmappe mitbringen. Überdurchschnittlich viele Hauptschulabsolventen kommen im Handwerk unter. Bäcker, Friseur, Maler und Maurer gehören hier zu den Klassikern. Sie haben den Vorteil, dass sich besonders engagierte Lehrlinge später als Meister selbstständig machen können.

Berufsbilder nach Interessen und Gehalt

Für Schulabgänger mit mittlerer Reife und Gymnasiasten gibt es viele potenzielle Ausbildungsberufe, die sie in der Übersicht nach Fachrichtungen oder nach ihren persönlichen Interessen sortieren können. Beliebte Fachrichtungen sind beispielsweise IT-Berufe oder Berufe im medizinischen oder sozialen Bereich. Besonders nachgefragt werden Fachkräfte übrigens im MINT-Bereich mit den Schwerpunkten

Mathematik, Informatik und Technik. Ein Klick auf das entsprechende Berufsbild führt zur Detailseite, auf der auch die Ausbildungsvergütung in den einzelnen Lehrjahren und die späteren Weiterbildungsmöglichkeiten erläutert werden.

Die meisten Stellenbörsen erlauben außerdem eine Filterung der Ausbildungen nach Interessenfeldern. Wer gerne mit Kindern arbeitet, interessiert sich vielleicht für eine Ausbildung zur Logopädin, zum Erzieher oder zum Gesundheits- und Kinderkrankenpfleger. Kreative und Schulabgänger, denen eine Karriere im Bereich der Medien vorschwebt, informieren sich über die Ausbildung zum Veranstaltungskaufmann, Mediengestalter, Schneider oder Visagist. Ob Vorlieben und persönliche Eignung für den jeweiligen Beruf zusammenpassen, verrät der Online-Eignungstest, den viele Ausbildungsbörsen gleich mitliefern.

NACH DER AUSBILDUNG: MIT WEITERBILDUNG KARRIERE PLANEN

Eine Weiterbildung nach der Ausbildung ist in vielen Berufen fast schon Pflicht. Stillstand ist Rückschritt, denn in unserer schnelllebigen Zeit veralten die in der Ausbildung erworbenen Kenntnisse sehr schnell. Da gilt es, am Ball zu bleiben. Und außerdem: wenn ein ganzer Ausbildungsjahrgang mehr oder weniger geschlossen noch einen Abschluss als Fachkaufmann, Fachwirt oder Bachelor anstrebt, dann wird demjenigen, der sich mit dem bei Ausbildungsende Erreichten zufrieden gibt, schnell mangelnde Leistungsbereitschaft unterstellt.

Meister, Fachwirt und Bachelor

Schaut man auf den Deutschen Qualifikationsrahmen, kurz DQR, entsprechen der Abschluss einer Meisterschule, eine Weiterbildung zum Fachwirt oder ein erfolgreiches Bachelor-Studium bereits der Stufe 6. Höher eingestuft sind nur noch Master oder Magister als Stufe 7 und die Promotion, also der

Doktortitel, als Stufe 8. Anhand des DQR lassen sich übrigens auch Abschlüsse in verschiedenen europäischen Ländern sehr gut vergleichen, denn auch der Europäische Qualifikationsrahmen kennt acht Stufen. Wer eine berufliche Veränderung ins europäische Ausland anstrebt, hat also mit Ausbildung und Weiterbildung sehr gute Karten.

Das Erreichen dieser Stufe ist gar nicht so schwer, wie es auf den ersten Blick scheint. Viele Unternehmen bieten ein integriertes Studium, das heißt, Ausbildung und Bachelor-Studiengang werden direkt miteinander verbunden. Der Auszubildende geht nicht zur Berufsschule, sondern zur Universität. Speziell angepasste Prüfungsvorbereitungskurse ergänzen den Lehrstoff der Hochschule, so dass eine optimale Vorbereitung auf die Zwischen- und Abschlussprüfung erfolgt. Nach bestandener Prüfung, zum Beispiel nach zweieinhalb Ausbildungsjahren vor der IHK, hängt der Student noch ein halbes Jahr Studium an, um Klausuren zu schreiben und seine Bachelor-Thesis anzufertigen. Dabei muss er sich nicht um die Finanzierung des Studiums kümmern, denn der Arbeitgeber bezahlt schon Gehalt, meist sogar etwas mehr als die Ausbildungsvergütung im letzten Lehrjahr.

Aber auch ohne integrierten Studiengang ist die Stufe 6 des DQR in zwei Jahren zu erreichen. Der Fachwirt ist sozusagen der Meister der Kaufleute. Er schließt sich an eine kaufmännische Berufsausbildung und anschließende Berufspraxis an. In vier Semestern werden allgemeine betriebswirtschaftliche, juristische und fachspezifische Kenntnisse zum Beispiel als Handelsfachwirt, Personalfachwirt oder Fachwirt für Versicherungen und Finanzen vermittelt. Mit dem Ablegen der Fachwirtprüfung ist heute in der Regel auch der theoretische Teil der Ausbildereignungsprüfung bereits bestanden. Es fehlt noch ein kleiner praktischer Teil, und der Fachwirt darf künftig selbst ausbilden.

Geht es Ihnen bei der Weiterbildung nach der Ausbildung
eher um besondere Kenntnisse und Fertigkeiten als um eine
Aufstiegsfortbildung? Möglichkeiten dafür gibt es auch dafür
sehr viele. Ist Ihr Unternehmen im Ausland tätig oder in
einen internationalen Konzern eingebunden, sind
fachspezifische Fremdsprachenkenntnisse von Nutzen. Die
Einführung neuer Software macht vielleicht einen
Computerkurs nötig, wenn Sie nicht abgehängt werden
wollen. Kaufleute im Rechnungswesen können einen
zusätzlichen Abschluss als Bilanzbuchhalter erwerben,
Spezialisten in der gewerblichen Versicherung sich zum
Technischen Underwriter weiterbilden.

Eine Weiterbildung nach der Ausbildung ist oft nicht ganz
billig. Fragen Sie Ihren Arbeitgeber nach einem Zuschuss. Oft
gibt es Geld vom Chef, wenn Sie sich für einige Zeit
vertraglich an das Unternehmen binden. In Deutschland
fördern auch Bund und Länder Weiterbildungsmaßnahmen in
unterschiedlicher Höhe. In zwölf von sechzehn Bundesländern
steht Ihnen Bildungsurlaub zu, damit Sie nicht zu viel Freizeit
für Ihre Karriere opfern müssen.

AUSBILDUNG - SICHERER EINSTIEG IN DIE ARBEITSWELT

Für viele junge Menschen ist eine Berufsausbildung der Weg
ihrer Wahl in die Arbeitswelt. Rund 1,4 Millionen
Auszubildende gibt es in Deutschland, eine halbe Million
Ausbildungsverträge werden jährlich neu geschlossen. Die
Zahl der Ausbildungsberufe hat sich in den letzten Jahren
deutlich verringert. Derzeit sind es aber immer noch mehr als
dreihundert anerkannte Berufe, die zum Teil
Spezialisierungen und Wahlbereiche aufweisen. So kann etwa
ein angehender Kaufmann für Versicherungen und Finanzen

zwischen den Schwerpunkten Versicherungen und Finanzdienstleistungen wählen.

Duale Ausbildung in Deutschland ist vorbildlich

Die rechtliche Ausgestaltung der Berufsausbildung ist in Deutschland im Berufsbildungsgesetz geregelt. Viele Vorschriften des Gesetzes dienen dem Schutz des Auszubildenden. So darf nur derjenige ausbilden, der dazu auch persönlich und fachlich geeignet ist. Außerdem gilt in der Ausbildung ein besonderer Kündigungsschutz.

Im System der dualen Ausbildung ist die Last auf mehrere Schultern verteilt. Während der Ausbildungsbetrieb hauptsächlich die praktischen Fähigkeiten vermittelt, die für die spätere Berufsausübung wichtig sind, wird die Theorie zum großen Teil in der Berufsschule gelehrt. Der Berufsschulunterricht vertieft außerdem die Allgemeinbildung, etwa in den Fächern Deutsch und Gesellschaftswissenschaften. Im Dienstleistungsbereich gibt es auch spezialisierte Berufsakademien, die die Funktion der Berufsschule übernehmen. Das duale Modell der Berufsausbildungen hat nicht nur wegen der bestmöglichen Vermittlung von Kenntnissen und Fertigkeiten Vorbildcharakter. Für die Ausbildungsbetriebe bedeutet die Dualität auch eine wesentliche Kostenentlastung. Bildung, und damit auch das Ausbildungswesen, wird in der deutschen Politik als Gemeinschaftsaufgabe verstanden und entsprechend finanziert.

Ausbildungsvergütungen mit breiter Spreizung

Das Lehrgeld, das der Lehrling im Handwerksberuf seinem Meister zahlen musste, gehört lange der Vergangenheit an. Mit wenigen Ausnahmen, zum Beispiel die Flugstunden eines Piloten, ist die Ausbildung kostenlos. Der Auszubildende erhält sogar eine Ausbildungsvergütung, die während der zwei bis dreijährigen Lehrzeit ansteigt. Im Schnitt werden rund 800 EUR monatlich gezahlt. Allerdings gibt es große Unterschiede zwischen den Ausbildungsberufen und nach Bundesländern. Während die gewerblichen Auszubildenden im Verkehrsgewerbe, also zum Beispiel in einer Spedition, am unteren Ende der Skala rangieren, kommt man im Baugewerbe auf mehr als 1.200 EUR brutto. Auch bei den Banken verdienen Azubis gut. Öffentlicher Dienst und Einzelhandel bewegen sich im Mittelfeld. Eine Liste typischer Ausbildungsvergütungen gibt es online in den Tarif-Archiven der Gewerkschaften.

Nicht nur wegen der Vergütung ist die Berufsausbildung für viele Abiturienten eine echte Alternative zum Studium. Vor allem große Unternehmen bieten attraktive Kombinationen von Ausbildung und Bachelor-Studiengang. Die Auszubildenden besuchen statt der Berufsschule eine Fachhochschule und speziell auf ihre Bedürfnisse zugeschnittene Prüfungsvorbereitungskurse. Sie legen in der Regel nach zweieinhalb Jahren ihre Abschlussprüfung im Ausbildungsberuf ab und haben dann nur noch ein halbes Jahr Studienzeit bis zum Bachelor.

Chancen auch für Haupt und Realschüler

Einerseits ist die Entscheidung der Gymnasiasten für einen Ausbildungsberuf angesichts überfüllter Universitäten und unbesetzter Lehrstellen zu begrüßen. Die Kehrseite ist aber, dass es für Realschüler, Hauptschüler und junge Menschen ohne Schulabschluss schwer wird, eine Ausbildungsstelle in einem qualifizierten Beruf mit zwei bis dreijähriger Ausbildungsdauer zu finden. Die Konkurrenz ist groß. Und selbst wenn ein Ausbildungsvertrag geschlossen ist, sehen sie sich mit Anforderungen konfrontiert, auf die sie in der allgemeinbildenden Schule nicht ausreichend vorbereitet wurden. Ein vorzeitiger Ausbildungsabbruch droht. Hier gibt es aber Unterstützung, zum Beispiel ergänzenden Unterricht oder die Initiative VerA - Verhinderung von Ausbildungsabbrüchen - des Senior Experten Service. Über

VerA erhält der Auszubildende kostenlos eine persönliche Betreuung durch einen berufs und lebenserfahrenen ehrenamtlichen Experten, der nicht nur bei fachlichen Problemen, sondern auch menschlich mit Rat und Tat zur Seite steht.

Tipps für eine aussagekräftige Bewerbung gibt es im Internet. Die Berufsberater der Arbeitsagenturen kennen die Ausbildungsmöglichkeiten und die freien Stellen vor Ort. Sie helfen auch, die richtige Berufsausbildung zu finden, die den eigenen Interessen und Neigungen entspricht. Schließlich soll der Job, in dem man viel Lebenszeit verbringen wird, auch Spaß machen.

DUALES SYSTEM: SOLIDE AUSBILDUNG IN BETRIEB UND SCHULE

Wenn das Stichwort duale Ausbildung fällt, ernten die Verantwortlichen für die Berufsbildung in Deutschland viel Anerkennung und von ausländischen Gästen auch ein wenig neidische Blicke, besonders von der Arbeitgeberseite. Worum geht es? Die Berufsausbildung wird hierzulande verpflichtend auf zwei Träger verteilt: auf den Ausbildungsbetrieb und auf die Berufsschule oder eine Berufsakademie.

Betriebe vermitteln Praxis, die Schule steuert die Theorie bei

Die Aufgabenverteilung richtet sich nach dem Bundesbildungsgesetz und der Ausbildungsordnung des jeweiligen Berufes. Gemeinsames Ziel ist das Herstellen einer beruflichen Handlungsfähigkeit. Der Auszubildende erlernt im Ausbildungsbetrieb die nötigen Fertigkeiten, um nach dem Ende der Ausbildungszeit erfolgreich im erlernten Beruf arbeiten zu können. Er wird auch charakterlich gefördert, lernt also, im Arbeitsalltag unter oft deutlich älteren Kollegen und Vorgesetzten zu bestehen.

Während der Betrieb erste praktische Erfahrungen im gewählten Arbeitsgebiet ermöglicht, steuert die staatliche anerkannte Schule hauptsächlich die theoretischen Grundlagen des Ausbildungsberufs bei. Dabei geht es nicht nur um die jeweiligen Fachkenntnisse des Berufsbildes, sondern auch um eine Vertiefung der Allgemeinbildung und, soweit erforderlich, um das Nachholen von Bildungsabschlüssen, die ein junger Mensch bislang nicht erreicht hat. Dazu existieren Rahmenlehrpläne, die von der Kultusministerkonferenz der Bundesländer beschlossen werden. Deutsch, Politik und Sport stehen beispielsweise auf dem Stundenplan.

Prüfung vor der Handwerks- oder Industrie- und Handelskammer

Etwa zur Mitte der Ausbildungszeit gibt es eine Zwischenprüfung, die sowohl dem Auszubildenden als auch dem Ausbilder zeigt, ob Ausbildungsinhalte erfolgreich vermittelt wurden, oder ob noch Nachholbedarf besteht. Für die Zulassung zur Abschlussprüfung ist die Note der Zwischenprüfung gleichgültig, sie ist also reine Selbstkontrolle und ein Etappenziel, auf das sich hinzuarbeiten lohnt.

Die Abschlussprüfung wird meist nach zweieinhalb oder drei Jahren abgelegt. Sie ist, wie die gesamte Ausbildung, handlungsorientiert gestaltet. Natürlich ersetzt die Ausbildung keine langjährige Berufserfahrung und kein lebenslanges Lernen, aber die Prüflinge beweisen, dass sie in ihrem Beruf produktiv arbeiten können. Neben den theoretischen Teilen in der schriftlichen Prüfung gewinnen deshalb praktische Prüfungen immer mehr Bedeutung. Was bei den Handwerkern das Gesellenstück ist, kann beispielsweise bei einem Kaufmann für Versicherungen und Finanzen das Kundenberatungsgespräch sein, das in der Prüfung realistisch simuliert wird.

Im Prüfungsausschuss sitzen Praktiker aus den jeweiligen Berufen ebenso wie fachkundige Lehrer der Berufsschulen. So setzt sich das Prinzip der dualen Ausbildung bis in die Prüfung konsequent fort. Bei der Berufung der Ausschüsse wird streng auf eine paritätische Besetzung der Ausschüsse durch Vertreter von Arbeitgeber- und Arbeitnehmerseite geachtet, ein Verfahren, das übrigens auch beim Erstellen der zentralen schriftlichen Prüfungsaufgaben Anwendung findet und eine faire Prüfung garantiert.

Erfolgreich und kostengünstig

Die duale Ausbildung gilt über die Grenzen hinweg als Erfolgsmodell. Sie garantiert, dass die richtigen praktischen und theoretischen Schwerpunkte jeweils in bestmöglicher Form vermittelt werden. Ein intensiver Kontakt zwischen Ausbildungsbetrieb und Schule bzw. Berufsakademie ist Grundvoraussetzung, um eine Ausbildung dual durchführen zu können. Ausbildungsordnung und Rahmenlehrplan sind eng aufeinander abzustimmen. Aus Elternsprechtagen werden Ausbildersprechtage, in denen konkreter Förderbedarf für einzelne Auszubildende besprochen wird. Nicht zuletzt lebt die duale Ausbildung aber auch von einer Vielzahl ehrenamtlich tätiger Praktiker in den Gremien, die Ausbildungsordnungen erarbeiten, Prüfungen erstellen, qualitätssichern und letztendlich als Prüfer auch durchführen.

Die Wirtschaft begrüßt das duale Modell nicht nur wegen der guten Vorbereitung junger Menschen auf einen Beruf. Die Verlagerung eines Teils der Ausbildung auf die Berufsschule stellt eine nicht zu unterschätzende Kostenentlastung für die Ausbildungsbetriebe dar. Zwar müssen sie ihre Auszubildenden für den Besuch der Schule freistellen und für diese Zeit die Ausbildungsvergütung weiter zahlen, dafür brauchen sie aber keine eigenen Kapazitäten für die Vermittlung theoretischen Wissens vorzuhalten.

Bildung ist Zukunft. Die Ausbildung wird von der deutschen Ausbildungspolitik als Gemeinschaftsaufgabe angesehen und entsprechend gefördert. Jugendarbeitslosigkeit ist in Deutschland fast ein Fremdwort, die Quote mit 7 % auf dem niedrigsten Stand in der EU, wo der Durchschnitt bei beängstigenden 20 % liegt. Für die Auszubildenden, die Wirtschaft und die Gesellschaft ist die duale Ausbildung eine klassische Win-Win-Situation, eine fortschrittliche Regelung zum Nutzen aller.

AUSBILDUNG NACH DEM HAUPTSCHULABSCHLUSS

Die Schule ist geschafft, nun ist es wichtig, passende Ausbildungsberufe mit Hauptschulabschluss auf der Liste zu haben. Als Hauptschulabsolvent fallen einige Berufe im sozialen und verwaltungstechnischen Bereich und im öffentlichen Dienst weg, bei vielen andern Berufen ist jedoch kein bestimmter Abschluss vorgegeben. Manchmal suchen Unternehmen gezielt nach Bewerbern mit mittlerer Reife oder sogar Abitur, bei anderen spielt der Abschluss eine untergeordnete Rolle.

Beliebte Ausbildungsberufe mit Hauptschulabschluss

Guten Chancen haben Sie in der Handwerksbranche. Dort werden Auszubildende händeringend gesucht, denn es gibt wenig Nachwuchs. Dabei bieten Berufe im Handwerk viele Möglichkeiten. Als Friseur können Sie Ihre Kreativität ausleben und sind umgeben von Menschen, denen Styling und angesagte Trends wichtig sind. Ein Tischler arbeitet mit verschiedenen Hölzern, muss ein räumliches Denken mitbringen und fertigt immer neue Gegenstände. Ebenso beliebt sind Berufe wie Bäcker, Maler oder Maurer. Eine weitere große Sparte sind Verkäufer in verschiedenen Gebieten. Hier kommt es ganz auf die eigenen Interessen an, für welchen Fachbereich Sie sich entscheiden.

Theorieverminderte Ausbildung

In der Regel dauert eine Ausbildung zwischen drei und dreieinhalb Jahre. Wenn Sie eher zu den Lernmuffeln gehören und nicht mehr ewig die Schulbank drücken wollen, ist die theorieverminderte Ausbildung eine gute Lösung. In nur zwei Jahren können Sie einen Abschluss machen, wobei die praxisnahe Ausbildung im Vordergrund steht. Falls Sie nach zwei Jahren merken, dass Sie sich doch gerne weiterbilden möchten, ist das fast immer möglich. Zu vielen dieser Ausbildungen gibt es einen erweiterten Abschluss, den man nach einem dritten Ausbildungjahr erlangt. So wird aus dem Fachlageristen die Fachkraft für Lagerlogistik, aus dem Fahrradmonteur der Zweiradmechatroniker, aus dem Textilnäher der Textilschneider oder aus dem Verkäufer der Kaufmann im Einzelhandel.

Möglichkeiten der Weiterbildung

Natürlich gibt es auch nach der normalen dualen Ausbildung verschiedene Weiterbildungsmöglichkeiten. Mit Fleiß und Durchhaltevermögen können Sie später den Meistertitel erlangen. Damit stehen alle Wege in eine Selbständigkeit offen. Als erfolgreicher Meister liegen die Verdienstmöglichkeiten in vielen Bereichen sehr gut.

Alternativen zum Ausbildungsplatz

Sie sind unsicher, welcher der Ausbildungsberufe mit Hauptschulabschluss auf der Liste zu Ihnen passt? Oder waren Ihre Bewerbungen bisher erfolglos? Kein Grund zur Panik. Ein Praktikum gewährt Ihnen einen Einblick in Ihren Traumberuf. Zudem hat der Arbeitgeber die Möglichkeit, Sie genauer kennenzulernen und zu beurteilen, ob Sie in sein Unternehmen passen. Nicht selten ergibt sich aus einem Praktikumsplatz ein Ausbildungsvertrag. Alternativ können Sie in einem Berufsvorbereitungsjahr weiter die Schule besuchen.

In dieser Zeit lernen Sie verschiedene Berufsfelder kennen und werden auf das Berufsleben vorbereitet.

REALSCHULABSCHLUSS - UND NUN?

Auf der Suche nach möglichen Ausbildungen mit Realschulabschluss ist die Liste lang. Wer den Realschulabschluss in der Tasche hat, findet Berufe im kaufmännischen, kreativen und handwerklichen Bereich. Ebenso gibt es Jobs im Lebensmittel- und Gesundheitswesen, in technischen Gebieten oder im Sozialwesen. Trotz der großen Vielfalt sind die Hitlisten der beliebtesten Berufe bei Realschülern immer wieder ähnlich.

Die beliebtesten Ausbildungen der Realschüler

Bei den Jungs rangiert der Kraftfahrzeugmechatroniker unter den ersten drei Plätzen. Daneben interessieren sie sich für den Beruf des Elektronikers und des Fachinformatikers. Mädchen machen oft eine Ausbildung zur Kauffrau im Einzelhandel und im Büromanagement. Auch die Medizinische- und Zahnmedizinische Fachangestellte wird gerne als Ausbildungsberuf gewählt. Bei der Wahl der Ausbildung sollte man die Vergütung nicht außer Acht lassen. Besonders gut bezahlt werden Auszubildende als Fluglotse, Schiffsmechaniker und Versicherungskaufmann.

Duale Ausbildung

Die duale oder auch betriebliche Ausbildung ist die meistgewählte Form der Ausbildung bei Realschülern. Die Ausbildung ist praxisnah und findet in einem Betrieb oder Unternehmen statt. Daneben wird der theoretische Teil in einer Berufsschule vermittelt. Je nach Beruf dauert die Ausbildung bis zu dreieinhalb Jahre. Während dieser Zeit erhält der Auszubildende eine Ausbildungsvergütung, die sich in jedem Jahr erhöht. Als Realschüler hat man in der Regel die Möglichkeit, durch zusätzlichen Fachunterricht die Fachhochschulreife zu erlangen.

Schulische Ausbildung

Etwa ein Fünftel aller Realschüler entscheiden sich für eine schulische Ausbildung. Diese findet an privaten oder öffentlichen Berufsfachschulen im Vollzeitmodus statt. Die Ausbildung ist also sehr theorieorientiert. Natürlich ist es wichtig, dass die Absolventen auch praxisnahe Erfahrungen sammeln. Hierzu absolvieren sie entweder in praktischen Blöcken oder auch an festen Tagen wöchentlich ein berufsnahes Praktikum. Der angehende Erzieher verbringt beispielsweise sein Praktikum im Kindergarten. Ein Gehalt bekommen Absolventen der schulischen Ausbildung nicht, an einigen privaten Schulen müssen sie sogar Schulgeld bezahlen.

Keinen Ausbildungsplatz gefunden - und nun?

Wer unter den Ausbildungen mit Realschulabschluss in der Liste keinen passenden Beruf gefunden hat oder trotz zahlreicher Bewerbungsversuche keine Ausbildungsstelle bekommt, muss nicht gleich verzweifeln. Es gibt viele Möglichkeiten, die Zeit bis zur nächsten Bewerbungsperiode sinnvoll zu nutzen oder sich anderweitig zu orientieren. Je nach Zukunftsplanung lohnt es sich, erneut die Schulbank zu drücken und das Abitur nachzuholen. Alternativ kann man ein Berufsvorbereitungsjahr machen. In der Zeit bekommt man in der Schule verschiedene Berufsfelder nähergebracht und wird auf den Berufsalltag vorbereitet. Wer lieber richtig in die Arbeitswelt eintauchen möchte, kann sich für ein Langzeitpraktikum bewerben. Die Chance ist groß, dass daraus später sogar ein Ausbildungsplatz entsteht.

VERZEICHNIS VON AUSBILDUNGSBERUFEN

In verschiedenen Ausbildungsportalen werden die Ausbildungsberufe als Liste alphabetisch sortiert dargestellt. Sie können aber auch nach Berufsfeldern oder nach Art der Ausbildung gruppiert werden, um dem Suchenden einen möglichst optimalen Überblick zu verschaffen. Jeder, der sich mit dem Thema Berufswahl auseinandergesetzt hat weiß, wie schwer es ist, den richtigen Ausbildungsberuf zu finden. Nicht nur die Studienführer werden umfangreicher, auch Ausbildungsberufe werden weiter differenziert und aufgrund neuer Technologien entstehen auch hier neue Berufsfelder. Die Zeiten, zu denen die Kinder die Handwerksberufe der Eltern aus Tradition erlernten, sind überholt, die jungen Leute von heute wollen ihre eigenen Wege gehen.

Wer bereits eine Vorstellung vom Berufsfeld hat, in dem er tätig werden möchte, kann die dazu passenden Ausbildungsberufe aus einer Liste auswählen. Die IHK, die Agentur für Arbeit und auch andere Ausbildungsportale bieten detaillierte Beschreibungen der jeweiligen Berufsbilder an, sodass die Interessenten auf einen Blick erkennen können, welche Tätigkeiten jeweils auf sie zukommen, in welcher Art von Betrieben sie eine Beschäftigung finden können, wie hoch die Vergütung während der Ausbildung ausfällt und welche Voraussetzungen erfüllt werden müssen, um die entsprechende Ausbildung antreten zu können.

Liste mit allen Ausbildungsberufen

Wie geht es nach der Schule weiter?

Für die zahlreichen Schulabsolventen, die hinsichtlich ihrer beruflichen Zukunft noch keinerlei Pläne haben, kann ein Verzeichnis der Ausbildungsberufe als Denkanstoß dienen. Von vielen Berufen haben die Jugendlichen bisher nichts gehört, das Stöbern in einer solchen Liste und den verschiedenen Tätigkeitsfeldern kann sogar dazu führen, dass Interessen geweckt werden, die bisher in den jungen Menschen geschlummert haben. Steht bereits ein konkreter

Ausbildungswunsch fest, der mangels Ausbildungsplatzes nicht umsetzbar ist, kann ein freiwilliges soziales oder ökologisches Jahr als sinnvolle Überbrückung genutzt werden, um im nächsten Ausbildungsjahr mehr Glück mit der Bewerbung zu haben. Wer nicht warten kann oder möchte, findet vielleicht alternative Ausbildungsberufe in der Liste, die einen guten Start ins Ausbildungsleben ermöglichen und mit einer anschließenden Weiterbildung dann doch zum gewünschten Traumberuf führen.

Die Übersichten von Ausbildungsberufen in den Ausbildungsportalen beinhalten oft über die reinen Informationen hinaus auch Videos, die einen Arbeitstag im ausgewählten Beruf visualisieren. Sie ermöglichen einen tieferen Einblick in die Arbeitswelt, die einen nach der Ausbildung erwartet. Ausbildungsbörsen, Lehrstellenangebote, Bewerbungshilfen und weitere Tipps und Links runden das Angebot dieser Portale ab. Hinter solchen Listen steckt also viel mehr als man auf den ersten Blick vermutet, und wenn Sie hier schon etwas tiefer einsteigen und recherchieren, werden Sie sicher auch mit einem ansprechenden Ausbildungsplatz belohnt.

INFOS: AUSBILDUNG MIT ABITUR

Schulabgänger, die Informationen haben möchten über alle Ausbildungsberufe mit Abitur, können eine Liste beim Berufsinformationszentrum der Arbeitsagentur erhalten. Wer das Gymnasium erfolgreich verlässt und damit die Fachhochschulreife in der Tasche hat, dem stehen alle Möglichkeiten für die Zukunft offen.

Ausbildung statt Studium

Abiturienten können sich nicht nur für ein Studium entscheiden, sondern jede Art der Ausbildung beginnen. Vor allem, wer von Beginn an praxisnah lernen und ein festes Einkommen haben möchte, ist mit einer Ausbildung gut bedient. Nach der Ausbildung gibt es zahlreiche Möglichkeiten der Weiterbildung.

Natürlich gilt es, den richtigen Ausbildungsberuf zu finden. Besonders beliebt bei Abiturienten sind Berufe im Verwaltungs- und Organisationsbereich. Dazu gehören Industrie- und Bankkaufmann sowie Kaufmann für Büromanagement und Kaufmann für Groß- und Außenhandel. Berufe wie Fachinformatiker, bei denen Kommunikationsgeschick gefragt ist, sind ebenfalls oben auf der Beliebtheitsskala. Im handwerklichen Bereich dagegen beginnen nur wenige Schulabgänger mit Abitur eine Ausbildung.

Einige Berufe sind sehr komplex. Arbeitgeber bevorzugen hier oft Bewerber mit Abitur. Dazu gehören Mediengestalter für Digital- und Printmedien, Buchhändler, Veranstaltungskaufmann und Biologielaborant.

Bewirbt man sich für eine Ausbildung im öffentlichen Dienst um eine Beamtenlaufbahn einzuschlagen, muss man gegebenenfalls das Abitur nachweisen. Für den einfachen und mittleren Dienst reicht normalerweise ein Haupt- oder Realschulabschluss, der gehobene Dienst ist nur mit Fachhochschulreife oder allgemeiner Hochschulreife möglich.

Verkürzung der Ausbildung

In der Regel dauert eine Ausbildung drei bis dreieinhalb Jahre. Wer das Abitur hat, kann, nach Absprache mit dem Ausbildungsbetrieb, die Ausbildungszeit um bis zu 12 Monate verkürzen. Damit ist man ein Jahr eher im Berufsleben und verdient entsprechend schneller mehr Geld.

Abiturientenausbildung

Die Abiturientenausbildung, ebenfalls als Abiturientenprogramm bekannt, ist eine spezielle Ausbildung nur für Schulabgänger mit allgemeiner Hochschulreife. Die Modelle dieser Ausbildung sind nicht immer einheitlich. In der Regel jedoch erlangen die Absolventen nach Beendigung zwei Abschlüsse: einmal den Abschluss der normalen Berufsausbildung, einmal eine Zusatzqualifikation. Dafür in Frage kommen einige Ausbildungsberufe mit Abitur. Die Liste ist jedoch noch nicht allzu lang.

Wer eine Ausbildung zum Einzelhandelskaufmann macht, kann diese in dem Abiturientenprogramm erweitern zum Handelsfachwirt. Der Bankkaufmann kann die Zusatzqualifikation Finanzassistent erreichen.

Duales Studium

Eine weitere, spezielle Form der Ausbildung, für die ein Abitur unerlässlich ist, ist ein duales Studium. Hier wird praktisches Lernen in einem Unternehmen kombiniert mit theoretischen Intervallen an einer Bildungseinrichtung. Im Gegensatz zum normalen Studium erhält man von Beginn an eine Vergütung, normalerweise in der Höhe der Ausbildungsvergütung. Neben dem Berufsabschluss hat man am Ende noch einen Bachelor-Abschluss in der Tasche.